Roland Schrapp

Astrologische Betrachtungen
zur Reinkarnation, zum Todeshoroskop
und zur Wesenheit Rudolf Steiners

Roland Schrapp

Astrologische Betrachtungen
zur Reinkarnation,
zum Todeshoroskop und
zur Wesenheit Rudolf Steiners

Bibliografische Information der Deutschen Nationalbibliothek:
Die Deutsche Nationalbibliothek verzeichnet diese Publikation in der
Deutschen Nationalbibliografie; detaillierte bibliografische Daten sind
im Internet über https://www.dnb.de abrufbar.

Verlag: BoD · Books on Demand GmbH, In de Tarpen 42, 22848 Norderstedt, bod@bod.de
Druck: Libri Plureos GmbH, Friedensallee 273, 22763 Hamburg

ISBN: 978-3-7693-2496-9

Inhalt

Vorbemerkung

Die in diesem Buch abgebildeten Horoskope wurden mit einer gängigen Astrologie-Software erstellt. Solche Computerprogramme basieren sämtlich auf der Annahme der traditionellen Astrologie, dass die Sonne bei Frühlingsbeginn in 0° Widder stehe. Wie wir von Rudolf Steiner wissen, war dies jedoch lediglich im Zeitraum von wenigen Jahrzehnten vor und nach dem Jahre 1413 der Fall, als das Widder-Zeitalter endete und das Fischezeitalter begann. Seither verschiebt sich die Position der Sonne bei Frühlingsbeginn immer weiter in das Tierkreisbild Fische zurück. Diese Verschiebung ist die Folge der langsamen Rückwärtsdrehung der Erdachse um 1° in 72 Jahren.

Beim Erstellen von Horoskopen für Personen, die in den Jahrhunderten *nach* dem Jahre 1413 geboren wurden, somit auch für alle heute lebenden Personen, müssen die Positionen sowohl der Planeten wie auch der Häuserspitzen daher um einige Grade rückwärts verschoben werden. Die kosmischen Gegebenheiten sind nicht starr, sondern beweglich! Die in den Ephemeriden angegebenen ersten Grade eines Tierkreisbildes gehören heute in Wirklichkeit dem vorangehenden Tierkreisbild an. Der Frühlingspunkt ist seit dem Jahre 1413 um 8,5° rückwärts gewandert, also schon fast um ein Drittel eines Tierkreisbildes. Die Sonne geht deshalb heutzutage bei Frühlingsbeginn längst nicht mehr in 0° Widder auf, wie es in den Ephemeriden als fixe Position angegeben ist, sondern in 21,5° Fische!

In einer Horoskopzeichnung für jemanden, der in der ersten Hälfte unseres Jahrhunderts geboren ist, müssen von allen in den Ephemeriden aufgeführten Planetenpositionen 8,5° abgezogen werden, um die tatsächlichen Positionen zu erhalten. Das Gleiche gilt für die Häuserspitzen, insbesondere die vier Eckpunkte Aszendent, Medium Coeli,

Deszendent und Imum Coeli. Eine Tabelle der erforderlichen Korrektur-werte hat der Autor bereits in seinen Büchern *„Der Einfluss der Tier-kreiskräfte auf die kulturelle Entwicklung der Menschheit"* und *„Das alte und das neue Weltbild – Rudolf Steiners Kritik der Astrologie"* abgebildet.

Die astrologischen Betrachtungen im vorliegenden Buch beziehen sich jedoch hauptsächlich auf „Aspekte" zwischen den Planeten und ihre Abstände zu den vier Eckpunkten des Horoskopes. Hierbei sind die exakten Positionen in den Tierkreiszeichen nicht auschlaggebend. Aus diesem Grunde wurde auf den enormen Aufwand umfangreicher manu-eller Korrekturen in sämtlichen Horoskopzeichnungen verzichtet. Es hätte keinen relevanten zusätzlichen Erkenntnisgewinn gebracht.

Sollen wir uns für unsere früheren Inkarnationen interessieren?

In Gesprächen unter Anthroposophen zum Thema der Reinkarnation begegnet man gelegentlich Äußerungen wie „Ich beteilige mich nicht an der Frage, wer war wer?" oder „Ich bin nicht neugierig, wer ich in einem früheren Leben war". Diese Einstellung ist gewiss ein guter Schutz davor, in irgendwelche Illusionen hinsichtlich der eigenen früheren Inkarnationen zu geraten. Dennoch entspricht sie nicht dem ausdrücklichen Wunsch Rudolf Steiners. Er wollte sehr wohl, dass wir uns für unsere früheren Inkarnationen interessieren.

Selbstverständlich sollte hierbei niemals plumpe Neugier der Antrieb sein. Rudolf Steiner hätte auch ganz bestimmt dringend von der Teilnahme an irgendwelchen sogenannten „Rückführungen" durch Dritte abgeraten. Wer kann sich denn anmaßen, anderen Personen auf diesem Wege mit völliger Sicherheit den Zugang zu einer ihrer vorherigen Inkarnationen eröffnen zu können? Das wäre doch allenfalls einem hohen Eingeweihten möglich. Aber gerade ein solcher würde ein Vorgehen dieser Art rigoros ablehnen. In den angeblichen Rückführungen kommt nur zum Vorschein, was an unbewussten Wünschen und Neigungen in den Seelentiefen lebt. Darunter mögen sich auch Bezüge zu früheren Inkarnationen befinden. Jedoch lässt sich auf diese Weise niemals mit Sicherheit das vorherige Erdenleben eines Menschen bestimmen. Rudolf Steiner warnte daher ausdrücklich vor solchen Vorgehensweisen:

„Es soll von vornherein nicht geleugnet werden, dass gerade auf diesem Gebiete der schlimmste Unfug selbstverständlich getrieben wird, denn gar mancherlei Leute haben diese oder jene Impression und beziehen sie auf diese oder jene vorhergehenden Inkarnationen. [...] Man muss sich nur klar darüber sein, dass der Geistesforscher in solchen Dingen eben

Bescheid wissen muss. Es kann durchaus sein, dass irgend jemand etwas im Kindheits-, im Jugendalter erlebt, und dass in vollständiger Umwandlung in einem späteren Lebensalter das, was da erlebt ist, ins Bewusstsein wieder herauftritt. Es kann sein, dass er das nicht erkennt und es dann für eine Rückerinnerung an vorhergehende Erdenleben hält. [...] Man kann ein Erlebnis haben, das so vorüberhuscht, dass man es sich nicht ganz klar zum Bewusstsein bringt, während man es erlebt, und dennoch kann es später als Erinnerung auftreten und dann deutlich sein. Da wird man, wenn man sich nicht kritisch genug verhält, darauf schwören, man habe etwas in der Seele, was man niemals in diesem gegenwärtigen Leben erlebt hat. Weil das so ist, ist es begreiflich, dass mit solchen Impressionen viel Unfug getrieben wird von mancherlei Leuten, die sich mit Geisteswissenschaft – aber nicht in genügendem Ernst – befassen.

Gerade bei der Lehre von der Reinkarnation kann das vorkommen, da außerdem in Bezug auf diese Reinkarnation so viel von menschlicher Eitelkeit, von menschlichem Ehrgeiz in Betracht kommt. Es ist für manchen Menschen so wünschenswert, in einer früheren Inkarnation Julius Cäsar oder Marie Antoinette gewesen zu sein. Ich könnte zum Beispiel fünfundzwanzig, sechsundzwanzig wiederverkörperte Maria Magdalenen aufzählen, die mir im Leben vorgekommen sind! Da spielen so viele Dinge hinein, dass der Geistesforscher gar keine Veranlassung hat, nicht selber aufmerksam zu machen auf den Unfug, der in dieser Beziehung getrieben wird. [...] Wie man in der vorhergehenden Inkarnation war, davon lässt man sich gewöhnlich nichts träumen. Es ist gewöhnlich alles anders, als man denkt." [1]

Trotz dieser mahnenden Worte Rudolf Steiners bezüglich der Beschäftigung mit der Reinkarnation, erklärte er die ernsthafte und sachliche Auseinandersetzung mit diesem Thema doch zu einer der Hauptaufgaben der Anthroposophie!

---

[1] GA 147 „Die Geheimnisse der Schwelle", München, Vortrag vom 27. August 1913

„So wie einmal eine Zeit reif geworden ist, um die kopernikanische Weltanschauung aufzunehmen, so ist unsere Zeit reif geworden, die Lehre von **Reinkarnation und Karma** *zum allgemeinen Bewusstsein der Menschheit zu bringen. Und was geschehen soll im Verlaufe der Menschheitsentwickelung, das wird geschehen, wie viele Mächte sich auch dagegen erheben. Und mit Reinkarnation und Karma, mit dem wirklichen Begreifen von Reinkarnation und Karma werden sich alle anderen Dinge von selbst ergeben. Die anderen Dinge ergeben sich durch das Licht, das von Reinkarnation und Karma ausstrahlt.*

Es war gewiss einmal ganz nützlich, betrachtet zu haben, was eigentlich das fundamental Unterscheidende ist zwischen denjenigen, die sich an der Anthroposophie interessiert fühlen, und denjenigen, die ihre Gegnerschaft gegen sie entwickeln. Das Annehmen einer höheren Welt als solches ist es eigentlich nicht; sondern das ist es, was die Vorstellungen an Höherem erfahren durch die Voraussetzung der **Ideen von Reinkarnation und Karma**. *Damit haben wir heute etwas angegeben, was als* **das Wesentliche der anthroposophischen Weltanschauung** *angesehen werden kann."* [2]

Im Rahmen eines anderen Vortrages desselben Jahres hob Rudolf Steiner ebenfalls hervor:

„Von Wichtigkeit aber scheint mir das zu sein, dass sich diejenigen, die sich zur Kulturbewegung der Anthroposophie bekennen, so durchdringen mit den **Ideen von Reinkarnation und Karma**, *dass sie ein Bewusstsein davon bekommen, wie das Leben anders werden muss, wenn das Bewusstsein von Reinkarnation und Karma in jeder Menschenseele vorhanden sein wird.*

Es hat sich eben das gegenwärtige Kulturleben mit Ausschluss des Bewusstseins von Reinkarnation und Karma gebildet. Und das ist das Bedeutsamste, was durch die Anthroposophie eintreten wird, dass diese

---

[2]   GA 135 „Wiedergeburt und Karma und ihre Bedeutung für die Kultur der Gegenwart", Berlin, Vortrag vom 5. März 1912

Dinge jetzt tatsächlich das Leben ergreifen, dass sie die Kultur durch-setzen und dadurch auch im Wesentlichen umgestalten werden." [3]

Weil das eine der Hauptaufgaben der Anthroposophie ist, hatte Rudolf Steiner schon gleich in den Anfangsjahren seiner Vortrags-tätigkeit versucht, seinen Zuhörern dieses Thema näher zu bringen. Seine Bemühungen stießen jedoch auf eine äußerst ablehnende Haltung. Jahre später bemühte er sich, wenigstens auf künstlerischem Wege ein Verständnis für Reinkarnation und Karma zu eröffnen, zum Beispiel durch die Mysteriendramen oder die Formensprache des ersten Goethe-anums, aber auch auf dem Gefühls- und Meditationswege durch die Wochensprüche des anthroposophischen Seelenkalenders.[4] Wirklich ernsthaft interessierten sich jedoch viele seiner Zuhörer für dieses Thema erst infolge der schrecklichen Ereignisse des ersten Weltkrieges, in dessen Verlauf unzählige Menschen, vor allem jüngere, ihr Leben lassen mussten. Nun erst kam in weiterem Umfeld ein Interesse für das Leben nach dem Tode auf, und in diesem Zusammenhang auch für Reinkarnation und Karma.

Eine ganz und gar konkrete erkenntnismäßige Auseinandersetzung mit diesem Thema wagte Rudolf Steiner jedoch erst nach der Weih-nachtstagung 1923, in seinen Karma-Vorträgen des Jahres 1924, dem Jahr vor seinem Tode:

„In dieser Beziehung muss es schon so sein, dass von jetzt ab ein neuer Zug in unsere Bewegung hineinkommt. Als die Deutsche Sektion der Theosophischen Gesellschaft in Berlin begründet worden ist, 1902, da kündigte ich an als meinen ersten Vortrag, den ich dazumal halten wollte, «Praktische Karmaübungen». Ja nun, angekündigt war der Vortrag, gehalten konnte er nicht werden aus dem einfachen Grunde, weil ja die gegebenen Verhältnisse da waren. Da waren die verschiedenen alten

---

[3] GA 135 „Wiedergeburt und Karma und ihre Bedeutung für die Kultur der Gegenwart", Stuttgart, Vortrag vom 21. Februar 1912

[4] Siehe zum Beispiel des Autors Buch „Der anthroposophische Seelenkalender und der Inkarnationskreislauf des Menschen", Verlag BoD (Books on Demand), Norderstedt

Mitglieder der theosophischen Bewegung, die hatten so ihre Vorstellungen von dem, was man sagen darf, was man nicht sagen darf; danach hatte sich aber das ganze Milieu, die ganze Atmosphäre gebildet. Die, welche die Leiter waren, wären ja Kopfgestanden, wenn man dazumal begonnen hätte, über praktische Karmaübungen zu sprechen. Es war einfach die theosophische Bewegung nicht reif dazu. Es musste erst vieles vorbereitet werden. Und in der Tat, die Vorbereitung hat zwei Jahrzehnte gedauert, mehr noch.

Aber bei der Weihnachtstagung ist der Impuls ausgegossen worden, nun rückhaltlos nicht bloß dasjenige, was über die natürlichen Gebiete des Geistigen erforscht werden kann, zu enthüllen, sondern rückhaltlos auch dasjenige zu enthüllen, was über die menschlichen Gebiete des Geistes so erforscht werden kann. Es wird daher in der Zukunft rückhaltlos gesprochen werden innerhalb der Anthroposophischen Gesellschaft über dasjenige, was doch schon von Anfang an in der Absicht lag, wozu aber diese Anthroposophische Gesellschaft erst allmählich heranreifen musste. Das ist auch etwas, was als ein esoterischer Zug durch die Weihnachtstagung in die Anthroposophische Gesellschaft hineingekommen ist." [5]

Die hier kundgetane Absicht setzte Rudolf Steiner in seinen „Karma-Vorträgen" des Jahres 1924 in verschiedenster Weise in die Tat um. Bei einem Vortrag am nächsten Tag erläuterte er zum Beispiel, wie man überhaupt zu einem Verständnis karmischen Wirkens gelangen kann:

„Denn man darf nicht in äußerlicher Ähnlichkeit Wirkungen des Karma suchen, sondern man muss sehen auf dasjenige, was in den Untergründen der Menschenwesenheit aus einem Erdenleben in das andere hinübergetragen wird durch das Karma. Um auch auf das Karma des einzelnen Menschen, ja das Karma seiner selbst hinzuschauen, dazu ist eigentlich auch heute die richtige Stimmung, die richtige Seelenverfassung notwendig. [...] Man sollte eigentlich jedes Mal, wenn man an eine karmische Wahrheit herantritt, so etwas in der Seele verspüren, als ob man einen Teil

---

[5] GA 239 „Esoterische Betrachtungen karmischer Zusammenhänge – Band V", Breslau, Vortrag vom 9. Juni 1924

des **Schleiers der Isis** *lüftete. Denn im Grunde genommen enthüllt ja gerade Karma in einer dem Menschen am meisten naheliegenden Art dasjenige, was die* **Isis** *war, die ja zu ihrem äußerlich sie kennzeichnenden Wahrspruch hatte:* **«Ich bin, was da war, was da ist, was da sein wird.»** *Das aber tritt einem entgegen in einer Weise, wie sie nun der Menschenseele nahe gehen muss, bei der Betrachtung des menschlichen Karma.*

Und eigentlich erst, wenn man in jener Art, wie wir es jetzt getan haben, auf das Karma, wie es sich im weltgeschichtlichen Werden vollzieht, hinblickt und sich dadurch die nötige heilige Stimmung erworben hat für Karmabetrachtungen, erst dann kann man in der richtigen Art, in der richtigen Seelenstimmung auf dasjenige hinschauen, was vielleicht das eigene Schicksal ist, und wie dieses Schicksal als das eigene Karma sich gestaltet und gebildet hat aus früheren Erdenleben heraus in Zusammenwirkung mit dem, was der Mensch durchgemacht hat zwischen dem Tod und einer neuen Geburt in geistigen Sternensphären. Man ist mit seinem ganzen Menschenwesen hinblickend auf übersinnliche Welten, wenn man in der richtigen Stimmung Karma liest." [6]

Als große Richtlinie für das Forschen nach den eigenen früheren Inkarnationen verkündete Rudolf Steiner seinen Zuhörern, dass sich in der anthroposophischen Gesellschaft Menschen zusammengefunden haben, die zwei ganz unterschiedlichen karmischen Strömungen angehören. Und es war sein ausdrücklicher Wunsch, dass jeder mit sich zu Rate ginge, welcher er wohl angehöre. Die eine Strömung begann schon früh mit ihren Inkarnationen auf der Erde, die andere dagegen erst sehr spät.

„Nun kamen eben die Seelen zu verschiedenen Zeiten herunter, und es gibt solche, welche verhältnismäßig früh heruntergekommen sind in den ersten Zeiten der atlantischen Entwickelung. Es gibt aber auch solche, welche verhältnismäßig spät heruntergekommen sind, die sozusagen einen langen vorirdischen planetarischen Aufenthalt gehabt haben. Es

---

[6] GA 239 „Esoterische Betrachtungen karmischer Zusammenhänge – Band V", Breslau, Vortrag vom 10. Juni 1924

sind dies solche Seelen, bei denen, wenn man zurückgeht von ihrer jetzigen Inkarnation, man vielleicht kommt zu einer Inkarnation in der ersten Hälfte des Mittelalters, zu einer christlichen Inkarnation, vielleicht noch zu einer christlichen Inkarnation, dann, wenn man weiter zurückgeht, zu den vorchristlichen und so weiter, und dass man verhältnismäßig bald von der frühesten Inkarnation, auf die man auftrifft, sagen muss: Jetzt geht es nach rückwärts hinauf ins Planetarische. Vorher waren diese Seelen noch nicht in Erdeninkarnationen da." [7]

Unter denjenigen Menschenseelen, *„welche verhältnismäßig früh heruntergekommen sind in den ersten Zeiten der atlantischen Entwicke-lung"* gab es solche, die im Sonnen-Orakel der alten Atlantis den Christus als das höchste Sonnenwesen kennenlernten. Infolgedessen lag ihnen bei ihren folgenden Inkarnationen *„die Zugehörigkeit zum **Christentum** besonders am Herzen [...]. Für diese Gruppe ist es geradezu ein Trost, dass in vollem Umfange gesagt werden kann: Die anthroposophische Bewe-gung stellt eine solche Bewegung dar, welche den Christus-Impuls an-erkennt und in sich trägt. Und es würde dieser Gruppe Gewissensbisse machen, wenn das nicht der Fall wäre."* [8]

In ihren ersten Inkarnationen nach Begründung des Christentums auf der Erde durch das Mysterium von Golgatha waren diese Seelen *„noch durch das angeregt, was im alten griechischen Platonismus lebte. [...] Es war **die platonische Strömung**."* [9] Viele von ihnen inkarnierten im Mittelalter als Zisterzienser oder in deren Umfeld.

Die anderen, welche sehr spät mit ihren Inkarnationen auf der Erde begannen, waren von ihrem viel längeren Aufenthalt in den Planeten-sphären geprägt. In ihren Erdenleben kam dies in einem großen Interesse für den Kosmos und den diesbezüglichen Lehren der

---

[7] GA 237 „Esoterische Betrachtungen karmischer Zusammenhänge – Band III", Dornach, Vortrag vom 8. Juli 1924

[8] Ibidem

[9] GA 240 „Esoterische Betrachtungen karmischer Zusammenhänge – Band VI", Arnheim, Vortrag vom 18. Juli 1924

vorchristlichen Mysterienschulen zum Ausdruck. Menschenseelen dieser Art finden ihren Zugang zur Anthroposophie vorwiegend durch die Lehren zur **Kosmologie**.

„Die andere Gruppe ist zunächst in ihrer Offenbarung oder in der Offenbarung ihrer Persönlichkeiten nicht weniger ehrlich christlich, aber es ist so, dass diese Gruppe eigentlich aus einer anderen Voraussetzung heraus an das Christentum herankommt. Es ist so, dass diese Gruppe zunächst Befriedigung findet an der anthroposophischen Kosmologie, an der Entwickelung der Erde aus anderen planetarischen Formen heraus, Befriedigung findet an demjenigen, was Anthroposophie über den Menschen im allgemeinen zu sagen hat, und von da ausgehend dann gewiss naturgemäß zu dem Christentum hingeführt wird." [10]

Nach einer Inkarnation in den letzten vorchristlichen Jahrhunderten stiegen sie zunächst wieder in die Planetensphären hinauf. Zum Zeitpunkt des Mysteriums von Golgatha befanden sie sich in der Sonnensphäre, gemeinsam mit **Aristoteles** und weiteren bedeutenden Individualitäten, die dem großen Sonnenerzengel Michael nahestehen. Erst im frühen Mittelalter, ab dem 7./8. Jahrhundert nach Christus, kamen sie zu ihrer nächsten Inkarnation wieder auf die Erde herab, und danach erneut in den Jahrhunderten ab dem 13. Jahrhundert. Viele inkarnierten damals als Dominikaner oder in deren Umfeld.

Die Vorträge Rudolf Steiners über die karmischen Hintergründe der anthroposophischen Bewegung auf der Erde waren als eine starke Anregung für seine Zuhörer gedacht, sich mit dem Thema Reinkarnation nicht nur im abstrakten, sondern ganz im Konkreten zu beschäftigen. Deshalb enthüllte er im Weiteren die früheren Inkarnationen einer ganzen Reihe historischer Persönlichkeiten und ebenso deren Erlebnisse im Dasein zwischen zwei Inkarnationen in den Planetensphären.

Von manchen dieser Persönlichkeiten ist uns das Datum ihrer Geburt oder zumindest ihres Todes überliefert. Das bietet uns die Gelegenheit,

---

[10] GA 237 „Esoterische Betrachtungen karmischer Zusammenhänge – Band III", Dornach, Vortrag vom 8. Juli 1924

ihre Horoskope darauf hin zu untersuchen, ob und, wenn ja, auf welche Weise, vorgeburtliche Erlebnisse in den Planetensphären oder gar aus vorherigen Inkarnationen im Horoskop zum Ausdruck kommen können. Hierbei ist es wichtig, außer den Geburtshoroskopen stets auch die Todeshoroskope zu berücksichtigen. Darauf hat Rudolf Steiner ebenfalls Wert gelegt.

Geburts- und Todeshoroskop

Die heutige Astrologie beschäftigt sich in erster Linie mit Geburtshoroskopen, das heißt mit den Positionen der Planeten im Tierkreis und in den Häusern zum Zeitpunkt der Geburt eines Menschen. Sie sieht darin die karmische Grundlage sowohl für diese Geburt wie auch für das gesamte sich daran anschließende Erdenleben. Laut Rudolf Steiner kommt dem Horoskop für den Todeszeitpunkt eines Menschen jedoch ebenfalls eine große Bedeutung zu, denn der Tod ist nichts anderes als die Geburt hinaus in höhere Sphären.

Nach dem Ablegen des physischen Leibes beim Tode trägt der Mensch noch für einige Tage seinen Ätherleib als eine äußere Hülle an sich. Diesem hat sich wie ein Abbild die Konstellation der Planeten zum Zeitpunkt des Todes eingeprägt. Das schwingt im Menschen nach und hat Einfluss auf seinen weiteren Weg durch die Sphären sowie die Ausgestaltung seines Karmas für das nächste Erdenleben.

„So schwingen bei dem Toten, der noch in seinem Ätherleib ist, in einer ganz auffälligen Weise die Kräfte mit, die mit den Sternkonstellationen zusammenhängen in dem Augenblicke, wo – das Ganze ist ja natürlich karmisch bedingt – der Tote die physische Welt verlassen hat. Und man könnte, wenn man nur mit der nötigen Ehrfurcht und Würde vorgeht, interessante Entdeckungen machen, wenn man eben solche Sorgfalt anwenden würde, wie man leider oftmals sogar aus egoistischen Gründen anwendet, um eine Untersuchung zu machen für die Sternkonstellation der Geburt. Viel selbstlosere, viel schönere Resultate würde man bekommen, wenn man gewissermaßen das Horoskop stellte, namentlich das **planetarische** *Horoskop,* **die Stellung der Planeten** *für den* **Moment des Todes***. Das ist außerordentlich aufschlussreich für das ganze Wesen des seelischen Menschen, und außerordentlich aufschlussreich für den Zusam-*

menhang des Karma mit dem Eintreten des Todes gerade in einem gewissen Momente.

Wer einmal Untersuchungen anstellen wird nach dieser Richtung – die Regeln sind ja dieselben wie für das Geburtshoroskop –, der wird zu allerlei interessanten Resultaten kommen, besonders wenn er die Menschen, für die er die Sache anstellt, im Leben mehr oder weniger gut gekannt hat. Denn der Tote trägt durch Tage hindurch mit seinem noch nicht abgegliederten Ätherleib etwas in sich, was Nachschwingen ist, namentlich aus der **planetarischen** *Sternkonstellation. So dass wir sagen können: Erstes Entwickelungsstadium: Richtung in der Sternkonstellation. Das ist bedeutsam eben so lange, als der Mensch mit seinem Ätherleibe verbunden bleibt."* [11]

Die Auswirkungen des Todeshoroskopes reichen jedoch noch weiter. Wenn wir nach einem in der Regel jahrhundertelangen Aufenthalt in der geistigen Welt wieder auf die Erde zurückkehren, wählen wir für unsere Geburt einen Zeitpunkt, an dem die Planetenkonstellationen in unserem Sonnensystem jenen verwandt sind, die zum Zeitpunkt unseres letzten Todes vorherrschten.

"Wenn ein Mensch stirbt, also durch die Pforte des Todes geht, dann stirbt er unter einer gewissen Sternenkonstellation." Rudolf Steiner meint mit dem Begriff „Sternkonstellation" hier vor allem die „Wandelsterne", das heißt die Planeten. Das ergibt sich eindeutig aus dem vorhergehenden Zitat, in dem er betont, dass beim Todeshoroskop *„namentlich das* **planetarische** *Horoskop"* von Bedeutung ist, die *„***planetarische** *Sternkonstellation",* das heißt die Stellung der Planeten zueinander. Weiter sagte er dann über die Bedeutung dieser Konstellation:

„Und diese Sternenkonstellation ist in der Tat wesentlich für sein weiteres Seelenleben insofern, als sie sich in einer gewissen Weise abdrückt in sein Seelenwesen und als Abdruck wirklich bleibt. Und es bleibt das Bestreben in dieser Seele, mit dieser Sternenkonstellation wiede-

---

[11] GA 174 „Zeitgeschichtliche Betrachtungen – Das Karma der Unwahrhaftigkeit – Teil 2", Dornach, Vortrag vom 21. Januar 1917

*rum hereinzukommen bei der neuen Geburt, wiederum gerecht zu werden den Kräften, die man aufgenommen hat im Todesmoment, wiederum hereinzukommen in dieser Sternenkonstellation. Und da ist es interessant: Wenn man so versucht die Sternenkonstellation herauszubekommen für einen menschlichen Tod, **so stimmt die Sternenkonstellation der späteren Geburt in hohem Maße überein mit der Sternenkonstellation des früheren Todes**. Nur muss man berücksichtigen, dass ein anderer Fleck der Erde es ist, auf dem der Mensch geboren wird, der dieser Sternenkonstellation entspricht. So wird der Mensch in der Tat dem Kosmos angepasst, fügt sich hinein in ihn, und es gibt so in der Seele eine Art von Ausgleich zwischen dem individuellen und dem kosmischen Leben."* [12]

Rudolf Steiner hat uns aus seiner geistigen Forschung heraus sogar eröffnet, auf welche Weise die **planetaren Konstellationen** eines Horoskops zustande kommen:

*„Was wir an Vollkommenheiten und Unvollkommenheiten haben, das wird getreulich in die Akashatafel eingeschrieben zwischen dem Tode und einer neuen Geburt. Das ist da überall verzeichnet. Die eine von unseren Eigentümlichkeiten ist in der Mondensphäre verzeichnet, andere Eigentümlichkeiten sind eingeschrieben in der Venus-, andere in der Mars-, andere in der Merkur-, andere in der Jupitersphäre und so weiter. Und **wenn wir dann wiederum zurückkehren**, langsam uns zusammenziehen, dann begegnen wir alledem, was wir beim Hinausgehen eingeschrieben haben, und so wird unser Karma technisch vorbereitet. Wenn wir **beim Rückweg** finden: Diese oder jene Unvollkommenheit haben wir gehabt, dann können wir eingraben **in unser eigenes Wesen** – nicht auslöschen, aber eingraben zunächst in unser eigenes Wesen – **eine Abschrift von dem, was wir erst in die Akasha-Chronik eingegraben haben**. Ausgelöscht wird es da noch nicht.*

Nun kommen wir unten auf der Erde an. Dadurch, dass wir das alles in uns haben, was wir beim Rückweg in uns einschreiben – und wir sind in

---

[12] GA 140 „Okkulte Untersuchungen über das Leben zwischen Tod und neuer Geburt", München, Vortrag vom 26. November 1912, erster Vortrag

gewisser Weise gezwungen, wenn auch nicht alles, so doch sehr vieles einzuschreiben –, dadurch entwickelt sich unser Karma; aber oben ist noch alles eingeschrieben. Und nun wirken merkwürdigerweise diese Schriften zusammen. [...] Jetzt geht er weiter durch, kommt wiederum auf die Erde zurück. Indem er hier auf der Erde lebt, hat er ja in sein Karma aufgenommen das, was er eingegraben hat; aber es steht zugleich über ihm geschrieben." [13]

Erst indem wir in einem neuen Erdenleben, meistens sogar im Verlauf mehrerer aufeinanderfolgender Leben, unser Karma Stück für Stück abarbeiten, löschen wir nach und nach die Eintragungen unserer Unvollkommenheiten aus den einzelnen **Planetensphären**. Diese Aussage steht ganz im Einklang mit der oben schon zitierten Aussage Rudolf Steiners, dass *„namentlich das **planetarische** Horoskop"*, die *„planetarische Sternkonstellation"*, von Bedeutung ist. Der Grund dafür liegt vermutlich darin, dass die menschliche Seele ihre in einem Erdenleben gemachten Erfahrungen hauptsächlich in der Seelenwelt aufarbeitet und im karmischen Sinne weiterentwickelt. Die Seelenwelt erstreckt sich nach Angaben Rudolf Steiners einerseits von der Mondensphäre über die Sphären von Merkur und Venus bis hin zur Sonnensphäre. Sie durchdringt aber auch die drei unteren Sphären der geistigen Welt, welche der Mars-, Jupiter- und Saturnsphäre entsprechen. Die Beweglichkeit der Planeten und ihre Bahnrhythmen sind ein kosmischer bildhafter Ausdruck der Beweglichkeit des menschlichen Seelenlebens, ganz im Sinne der Goetheschen Worte: „Alles Vergängliche ist nur ein Gleichnis."

Wenn Rudolf Steiner, wie oben zitiert, sagt *„so stimmt die Sternenkonstellation der späteren Geburt in hohem Maße überein mit der Sternenkonstellation des früheren Todes"*, so müssen wir dabei beachten, dass dies eben nur *„in hohem Maße"* zutrifft, jedoch niemals völlig gleich. Wir dürfen nicht erwarten, dass die Planetenpositionen eines Todeshoroskopes sich im nachfolgenden Geburtshoroskop genau

---

[13] Ibidem, Vortrag 12. März 1913, zweiter Vortrag

in derselben Weise wiederfinden. Exakt gleiche Konstellationen aller Planeten zueinander können nur nach Jahrzehntausenden erneut zustande kommen.

Noch einen anderen wichtigen Aspekt gilt es zu berücksichtigen. Das ist unsere karmische Verbindung mit jenen Menschen, mit denen wir im vorherigen Erdenleben in engerem Kontakt waren.

„Menschen werden ja durch das Erdenleben zusammengeführt; dasjenige, was sie im Erdenleben zusammenführt, bindet sie auch karmisch. Sie gehen dann miteinander durch das Leben zwischen Tod und einer neuen Geburt. Sie gestalten gerade da mit den höheren Wesenheiten ihr Karma für das nächste Erdenleben aus. Was folgt denn daraus für das Erdenleben des Menschen im Großen und Ganzen? Im Großen und Ganzen folgt doch daraus, dass die Menschen, die für ein Erdenleben zusammen sind, weil sich ja gerade da das Karma anspinnt, auch wiederum für das nächste Erdenleben zueinanderstreben werden. Da werden sie wiederum karmische Zusammenhänge begründen, werden wiederum gehen durch das Leben zwischen Tod und neuer Geburt – aber dieses schmiedet sie ja nun stärker zusammen –, um ein gemeinsames Erdenleben wiederum aufzusuchen. Und da kommt ja das Merkwürdige heraus, dass die Menschen im Verlaufe der Erdenentwickelung eigentlich gruppenweise miteinander leben. So ist es auch.

Wenn wir uns schematisch diese Sache vor Augen führen, so ist dies ja so: Die Zeit verläuft; eine gewisse Menschengruppe, die in irgendeinem Zeitpunkte miteinander lebt und karmisch miteinander verbunden wird, erscheint wiederum auf Erden, nachdem sie durchgegangen ist durch das Leben zwischen dem Tode und einer neuen Geburt. Eine andere Menschengruppe, die wiederum karmisch sich miteinander verbindet, erscheint wiederum gemeinsam auf der Erde; eine dritte ebenso. Und da die Zeiten zwischen dem Tod und einer neuen Geburt die weitaus längeren sind, so folgt ja daraus, dass sich die meisten Erdenmenschen eigentlich nur begegnen zwischen dem Tode und einer neuen Geburt, und dass die karmisch besonders miteinander verbundenen Menschen gruppenweise durch die Entwickelung der Menschheit gehen und immer wieder und wieder auf Erden zusammentreffen. Das ist auch die Regel. In der Regel ist es so, dass wir nicht mit Menschen zusammentreffen auf der Erde, die in einer anderen Zeit als der unsrigen in der Vorzeit inkarniert waren." [14]

Jeder Mensch macht seine ganz individuelle nachtodliche Entwicklung durch, oft mit ganz anderen Aufenthaltsdauern in den einzelnen Planetensphären als es bei uns selbst der Fall ist. Wir alle sterben auch in der Regel zu sehr unterschiedlichen Zeiten und demzufolge unter jeweils völlig anderen Planetenkonstellationen. Dennoch inkarnieren karmisch eng miteinander verbundene Menschen als Gruppe *zeitnah* gemeinsam wieder. Das ist nur möglich, wenn es eine gewisse „Bandbreite" bei der Übereinstimmung der planetaren Konstellationen der Todeshoroskope mit den nachfolgenden Geburtshoroskopen der Menschen gibt. Vielleicht müssen wir daher Rudolf Steiners Aussage einer *„Übereinstimmung in hohem Maße"* eher im Sinne einer **„auffälligen Ähnlichkeit"** zwischen Todes- und Geburtshoroskopen verstehen, auf jeden Fall aber einer solchen, die sich weniger auf die Positionen der Planeten in den Tierkreisbildern bezieht, als vielmehr auf die **planetaren Konstellationen** untereinander.

Solche Ähnlichkeiten verbinden anscheinend wie ein roter Faden, ein „karmischer Faden", jede Inkarnation mit der nächsten, ja in der Regel sogar eine ganze Reihe aufeinanderfolgender Inkarnationen, denn die Aufarbeitung unseres Karmas erstreckt sich meist über mehrere Erdenleben. Häufig folgt auf eine Inkarnation mit bedeutsamen Entwicklungsschritten zunächst eine weniger bedeutsame, die mehr der nachträglichen Verinnerlichung dient, sodass der „karmische Faden" in der zweitfolgenden Inkarnation oft sogar noch deutlicher zum Vorschein kommen mag als in der unmittelbar folgenden.

---

[14]   GA 239 „Esoterische Betrachtungen karmischer Zusammenhänge – Band V", Breslau, Vortrag vom 11. Juni 1924

Hinweise im Geburtshoroskop
auf das vorgeburtliche Dasein in höheren Welten

In einigen seiner Karma-Vorträge im Jahre vor seinem Tode besprach Rudolf Steiner konkrete Beispiele, anhand derer wir untersuchen können, auf welche Weise das vorgeburtliche Dasein eines Menschen in den Planetensphären sich anschließend, zum Zeitpunkt der nächsten Geburt, in den Planetenkonstellationen des Geburtshoroskops abbildet. Wir wollen solche Beispiele der Reihe nach im einzelnen betrachten.

Heinrich Heine

Laut den Aussagen Rudolf Steiners hatte der Dichter, Schriftsteller und Journalist **Heinrich Heine** nach einer Inkarnation als indischer Eingeweihter vor etwa 2000 Jahren bedeutsame Erlebnisse in der **Merkur-, Venus- und Marssphäre**:

*„Da war in einer verhältnismäßig frühen Zeit, so etwa gerade in der Zeit, die hart an die Begründung des Christentums herankommt, ein Initiierter verkörpert im Orient, im indischen Leben. Dadurch, dass diese Individualität in ihrer irdischen Verkörperung im indischen Leben schlechte Augen hatte – man muss so auf die Einzelheiten eingehen, wenn man karmische Zusammenhänge bespricht –, hatte sie über alles mehr oder weniger oberflächlich hinweggeschaut. Sie stand eben drinnen in der mystischen indischen Lebensauffassung, **ging dann durch andere Verkörperungen hindurch, die weniger Bedeutung hatten**.“* [15]

---

[15] GA 239 „Esoterische Betrachtungen karmischer Zusammenhänge – Band V", Breslau, Vortrag vom 9. Juni 1924

An diesem Beispiel sehen wir schon, dass sich die Aufarbeitung unseres Karmas über mehrere Inkarnationen erstreckt. So wurde auch bei Heinrich Heine Wesentliches aus seiner indischen Inkarnation zur Zeit Begründung des Christentums in mindestens zwei nachfolgenden Inkarnationen nicht oder nur ansatzweise aufgearbeitet, denn Rudolf Steiner sagt klar und deutlich über die weitere Entwicklung Heinrich Heines, er *„ging dann durch andere Verkörperungen hindurch, die weniger Bedeutung hatten".* Folglich kann sich in unserem heutigen Erdenleben noch Karma aus unserer drittvorherigen Inkarnation aus der Zeit des beginnenden Christentums oder gar den Jahrhunderten davor ausleben. In diesem Sinne fährt Rudolf Steiner in seiner Beschreibung des Werdeganges der Individualität Heinrich Heines fort:

*„Dann aber ging sie durch ein Leben zwischen Tod und neuer Geburt durch, in dem alles das, was dieser Individualität sich auf der Seele abgelagert hatte im indischen oberflächlichen Erleben, nun ausgebildet wurde in der Merkursphäre, zum Teil in der Venussphäre, zum Teil in der Marssphäre. Da wirkte es mit Wesen der höheren Hierarchien zusammen, um das in einer gewissen Weise zu formen. Nun ist es bei den **meisten** Menschen so, dass vorzugsweise aus **einer** Sternensphäre heraus das Karma **charakteristisch** gebildet wird."*

Bei Heinrich Heine war dies jedoch anders, wie wir gerade erfahren haben: *„Da aber ergab sich durch dieses Zusammenwirken eine Individualität, wo an der Formung der inneren Fähigkeiten, an der karmischen Umgestaltung der Fähigkeiten, die aus einem indischen Erleben einmal hervorgegangen waren, fast gleichmäßig arbeiteten die **Merkur-**, die **Venus-** und die **Marssphäre**. Diese Individualität trat im neunzehnten Jahrhundert als eine Persönlichkeit auf und wurde als solche **Heinrich Heine**. […]*

Das Leben, auch das Leben des einzelnen Menschen wird nicht ärmer in seiner Bedeutung, sondern unendlich reicher, wenn man es auf solchen Untergründen betrachtet; wenn man wirklich herausglänzen sieht aus diesem problematischen, fragmentarischen Heine-Leben des neunzehnten Jahrhunderts dasjenige, was einmal eine indische Inkarnation war und was dann durch alle die Einflüsse als Folgen aus einem früheren Dasein in **Merkur**, **Venus** *und* **Mars** *durchgemacht werden kann: im Marsdasein, wo ein gewisser aggressiver Sinn für das folgende Erdendasein ausgebildet wird, wo also das, was angeeignet worden war in einem früheren Erden-leben, als eine besondere Fähigkeit in einen gewissen aggressiven Sinn sich hineinentwickelte, im Merkurdasein, wo sich die Seele erwerben kann, da diese Fähigkeit karmisch ja besonders im Merkurdasein ausgebildet wird, ein Hinflattern über Empfindungen und Begriffe, und im Venusdasein, wo wiederum ein gewisses Geistig-Erotisches hereinkommen konnte in die menschlichen Vorstellungskräfte."*

Heinrich Heine wurde am **13. Dezember 1797** in Düsseldorf **gebo-ren**. Falls die in der Datenbank von astro.com angegebene **Geburtszeit** von **15.20 Uhr** korrekt ist, hätten sich in seinem Geburtshoroskop Merkur, Venus und Mars an hervorgehobenen Plätzen befunden. Als solche gelten Positionen in der Nähe der vier Eckpunkte Aszendent, Medium Coeli, Deszendent und Imum Coeli sowie Konjunktionen mit einem der beiden „Lichter", das heißt mit der Sonne oder dem Mond.

Merkur befand sich bei Heinrich Heines Geburt in Konjunktion mit der **Sonne** und zusätzlich noch am Deszendenten. **Venus** stand am Medium Coeli. **Mars** war in Konjunktion mit dem **Mond** verbunden.

Es sind wohl in erster Linie solche Konstellationen im Horoskop, die Auskunft über den vorgeburtlichen längeren Aufenthalt eines Menschen in bestimmten Sphären geben: **Konjunktionen mit Sonne und Mond**, vielleicht auch **Oppositionen** mit denselben, da sie ebenfalls wichtigste Aspekte sind. Hinzu kommen noch Planetenaufenthalte **nahe bei den vier wichtigsten Häuserspitzen**, den Eckpunkten des Horoskopes.

Die Positionen der Planeten in den Tierkreisbildern scheinen weni-ger eine Rolle zu spielen. **Mars** mag bei der Geburt Heinrich Heines zwar eine Stärkung durch seinen Aufenthalt im Zeichen Skorpion erfahren haben. Er befand sich dort selbst unter Berücksichtigung der Verschie-bung des Frühlingspunktes. Der Korrekturwert für die Jahre um 1800 beträgt etwa 5,5°.[16] Mars stand demzufolge in 2,5° Skorpion. Bei **Merkur** war jedoch genau das Gegenteil der Fall! Er hielt sich im Schützen auf, der den Zwillingen, dem Tierkreisbild seiner Herrschaft genau gegenüberliegt. Er stand somit geschwächt im „Exil". Und **Venus** befand sich in der für sie neutralen Umgebung des Wassermanns.

Ganz im Sinne der oben zitierten Aussage Rudolf Steiners, wonach „*namentlich das **planetarische** Horoskop*"[17] maßgeblich ist, scheint es hier also tatsächlich *nicht* auf die Positionen der Planeten in bestimmten Tierkreisbildern anzukommen, Damit ist uns ein ganz wichtiger Grundsatz für die weiteren Betrachtungen gegeben.

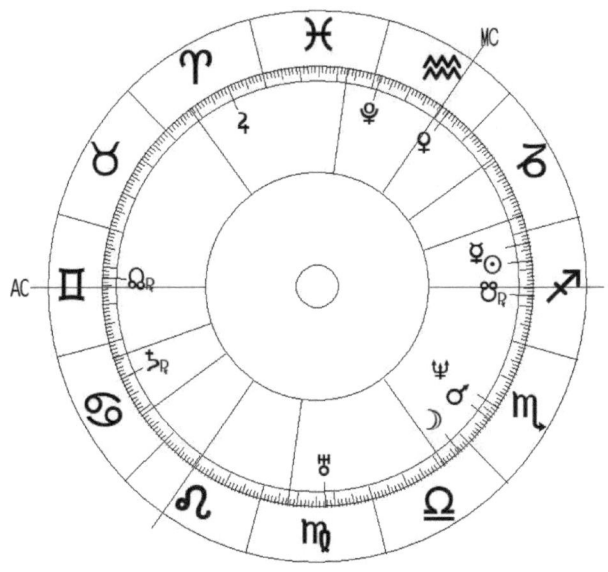

Heinrich Heine – Geburt am 13.12.1797
Uhrzeit 15.20 Uhr (?)

---

16   siehe Kapitel „Vorbemerkung"
17   siehe Kapitel „Geburts- und Todeshoroskop"

Im Hinblick auf die besonderen vorgeburtlichen Erlebnisse Heinrich Heines in der **Merkur-** und der **Marssphäre** fallen vor allem zwei **Planetengruppen** auf. Das ist zum einen die **Konjunktion** von **Merkur** mit der **Sonne** am Deszendenten und zum anderen diejenige von **Mars** mit dem **Mond.** Den beiden „Lichtern" kommt stets eine besondere Bedeutung zu! Die in vielen astrologischen Lehrsystemen vorgegebenen Beschränkungen des Orbis eines Aspektes auf wenige Grad bei den Planeten und maximal 10 Grad bei Sonne und Mond finden hier keine Anwendung. Wie wir noch sehen werden, sind die Orben wesentlich weiter zu fassen!

Der vorgeburtliche längere Aufenthalt Heinrich Heines in der **Venus-sphäre** kommt wohl in der hervorgehobenen Position der **Venus** am **Medium Coeli** zum Ausdruck.

Selbstverständlich finden sich die abgebildeten **Konjunktionen** von **Merkur-Sonne** und von **Mars-Mond** bei allen Menschen, die am selben Tag wie Heinrich Heine geboren sind. Jeder hat jedoch seine eigene Inkarnationsreihe, wenngleich wir vermuten dürfen, dass sie alle einen längeren vorgeburtlichen Aufenthalt in den Sphären von **Merkur** und **Mars** hatten. Die Position der **Merkur-Sonne-Konjunktion** am **Des-zendenten** sowie die der **Venus** am **Medium Coeli** sind jedoch abhängig von der genauen Geburtszeit sowie vom Breiten- und Längen-grad des Geburtsortes. Gleiche Positionen an den Eckpunkten des Horoskopes werden daher nur bei wenigen Menschen zu finden sein, die am selben Tag wie Heinrich Heine geboren wurden, vielleicht sogar bei keinem von ihnen.

Im Laufe des Lebens entwickeln wir uns alle weiter. Dennoch bleiben über eine gewisse Anzahl von aufeinanderfolgenden Inkarnationen immer gewisse Grundzüge der Individualität erhalten. Daher lohnt es sich, das **Todeshoroskop** Heinrich Heines darauf hin zu untersuchen, ob sich dort ähnliche Planetenkonstellationen zeigen wie in seinem **Geburtshoroskop.**

Er **starb** nach langem Leiden im Alter von 58 Jahren am **17. Februar 1856** in Paris. Die genaue Uhrzeit des Todes ist nicht bekannt. Deshalb wurde sein Todeshoroskop für die Mitte des Tages, also **12 Uhr**, erstellt:

Hier fällt sogleich ins Auge, dass **Merkur** beim **Tode** Heinrich Heines noch näher an die **Sonne** herangerückt ist als es bei seiner **Geburt** der Fall war. Falls der Tod um die Mittagszeit erfolgte, hätten Sonne und Merkur sogar an hervorragender Stelle am Medium Coeli gestanden und dadurch eine noch stärkere Betonung erfahren. Jedoch ist Merkur nur ein halbes Grad von der Sonne entfernt. Eine derart enge Konjunktion Merkurs mit der Sonne wird in der traditionellen Astrologie häufig als „verbrannter Merkur" bezeichnet und als negativ gewertet. Ob diese traditionelle Interpretation richtig ist, wollen wir aber dahingestellt lassen.

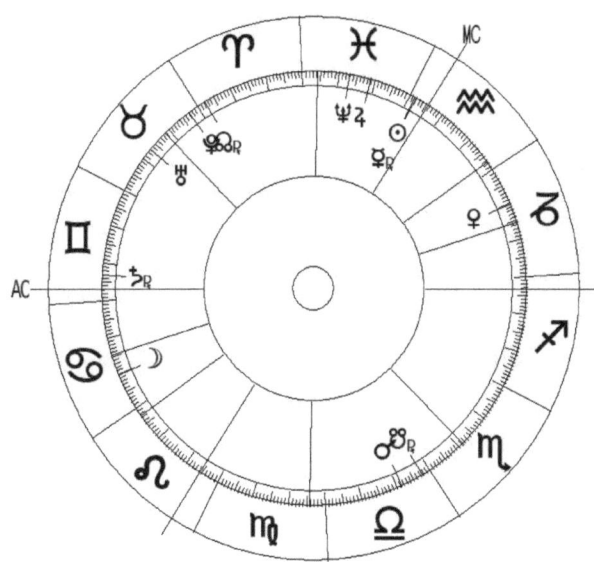

Heinrich Heine – Tod am 17.02.1856 (12 Uhr ?)

Im **Geburtshoroskop** zeigten sich **Jupiter** in auffälliger **Oppositionsstellung** zum **Mond** sowie **Neptun** in **Konjunktion** mit **Mars**.
Beim **Tode** haben sich **Jupiter** und **Neptun** zur **Merkur-Sonne-
Konjunktion** hinzugesellt. Dies könnte bedeuten, dass im nächsten
Nachtodleben auch den Sphären dieser beiden äußeren Planeten eine
größere Bedeutung zukam. Man könnte es als Ausdruck einer Weiterentwicklung der Individualität Heinrich Heines interpretieren.

Venus eilte im **Geburtshoroskop** Heinrich Heines der **Sonne** um 46°
voraus. Sie kann als „innerer Planet" nur bis zu 47° der Sonne voran-
gehen. Man spricht dann von der „maximalen *westlichen* Elongation". Im
nachfolgenden **Todeshoroskop** war die Situation genau umgekehrt.
Damals zog Venus der Sonne hinterher. Sie befand sich zwar nicht genau
in der größtmöglichen Entfernung, aber doch immerhin in dem
beträchtlichen Abstand von 39°, also nur 8° von ihrer „maximalen
östlichen Elongation" entfernt. Das kann ebenfalls als „Auffälligkeit"
angesehen werden.

Da die Planeten Merkur und Venus aufgrund der Sonnennähe ihrer
Bahnen nie in Opposition zur Sonne treten können, stellt sich die Frage,
ob ihre westlichen und östlichen Elongationen wie die Oppositions-
stellungen bei den „äußeren Planeten" zu bewerten sind. In diesem Falle
hätte Venus bei der Geburt schon allein aus diesem Grunde in einer
„betonten" Position zur Sonne gestanden, ungeachtet ihrer Nähe zum
Medium Coeli (sofern die Geburtszeit korrekt ist).

Sollte Heinrich Heine bereits um **9 Uhr verstorben** sein, hätte **Venus**
bei seinem Tode wiederum in hervorragender Position am Medium
Coeli gestanden, ähnlich ihrer Position bei der Geburt. **Mars**, der sich im
Todeshoroskop in Opposition zu **Pluto** befand, hätte dann vom Deszen-
denten her vom Himmel geblickt, somit ebenfalls aus hervorgehobener
Position. Hierbei gilt es jedoch zu beachten, dass die Abstände zum
Medium Coeli spekulativ sind, da der genaue Todeszeitpunkt Heinrich
Heines nicht bekannt ist. Wir sehen **Mars** und **Pluto** aber in Konjunktion
mit den beiden **Mondknoten**. Wie sich noch zeigen wird, werden
Planeten dadurch ebenfalls aufgewertet!

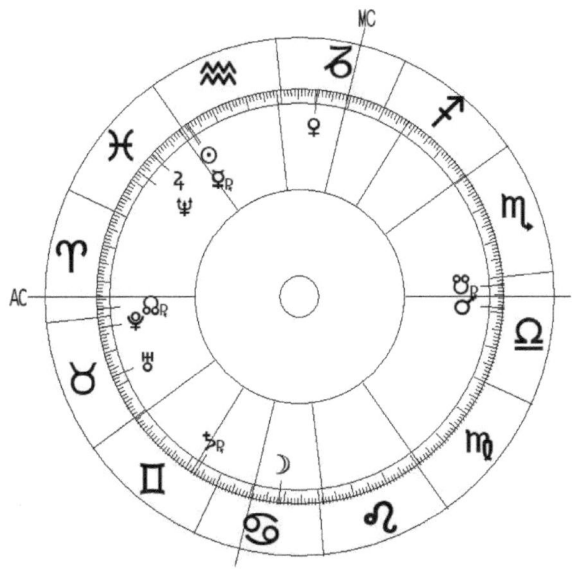

Heinrich Heine – Tod um 9 Uhr ?

Voltaire

Der französische Philosoph **Voltaire**, bürgerlichen Namens **François-Marie Arouet**, wurde am **21. November 1694** in Paris **geboren**. Rudolf Steiner berichtet von einer früheren Inkarnation im 8. Jahrhundert nach Christus, als der Islam nach Spanien kam. Voltaire erhielt damals zunächst eine Ausbildung in Nordafrika mit manichäischer Prägung. Dabei lernte er vieles aus den alten Mysterien kennen, die aber damals schon im Niedergang waren. Anschließend verschlug es ihn nach Spanien und er kam in Berührung mit der früh-jüdischen Kabbalistik. Beide Einflüsse prägten seine Seele.

*„Diese Individualität fand nun ihre Weiterentwickelung in einem Leben zwischen dem Tod und einer neuen Geburt, und da insbesondere in Gemeinschaft mit den Wesenheiten, die mit dem **Marsdasein** zu tun haben. Sie eignete sich im Marsdasein an einen gewissen aggressiven Sinn, aber auch wieder außer diesem aggressiven Sinn die Leichtigkeit der Sprache, geradezu etwas Verführerisches in der Sprachgabe, die Leichtigkeit in der sprachlichen Behandlung von allen möglichen Problemen, die sie so in ihrem Inneren aus ihrem früheren Erdenleben hatte. Damit verkörperte sie sich im achtzehnten Jahrhundert, wurde **Voltaire**."* [18]

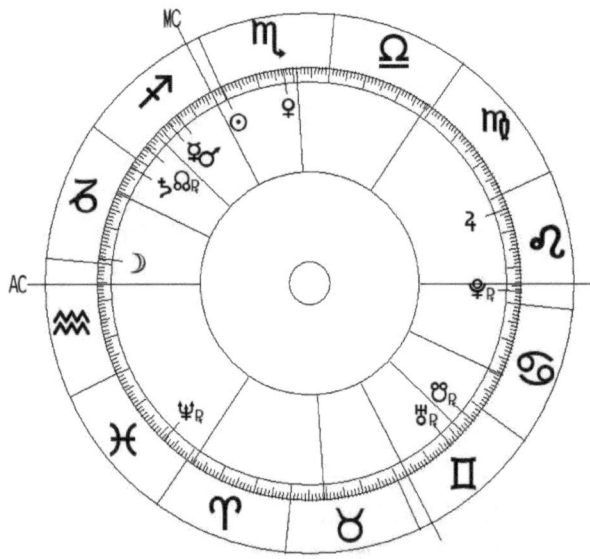

Voltaire – Geburt am 21.11.1694 (12 Uhr ?)

Die Geburt Voltaires erfolgte bereits gegen Ende des siebzehnten Jahrhunderts, im Jahre 1694, somit nicht *„im achtzehnten Jahrhundert"*, wie Rudolf Steiner im obigen Zitat angibt. Jedoch erstreckte sich sein

---

[18] GA 239 „Esoterische Betrachtungen karmischer Zusammenhänge – Band V", Breslau, Vortrag vom 9. Juni 1924

neues Erdenleben bis weit in das achtzehnte Jahrhundert hinein. Er starb erst 1778. Daher sprach Rudolf Steiner von der Verkörperung Voltaires im *„achtzehnten"* Jahrhundert. Leider ist uns zu Voltaire, wie schon zu Heinrich Heine, keine genaue Geburtszeit überliefert. Zum Erstellen des obigen **Geburtshoroskopes** wurde daher wieder die Tagesmitte, also 12 Uhr, als Geburtszeit angesetzt.

Mars als Repräsentant der Marssphäre stand tatsächlich in **Konjunktion** mit **Merkur** nahe bei der **Sonne.** Falls Voltaire gegen 12 Uhr geboren wurde, hätte sich diese Konjunktion zusätzlich in der Himmelsmitte, am Medium Coeli befunden. Aber auch bei Sonnenaufgang, Sonnenuntergang oder um Mitternacht wäre die Planetengruppe in „hervorgehobener" Position an einem der Eckpunkte des Horoskopes gewesen. Entsprechend gibt es drei Alternativen zur Geburtszeit, welche dieselbe zusätzliche Betonung der Gruppe bewirkt hätten..

Voltaire starb am **30. Mai 1778** an seinem Geburtsort Paris.

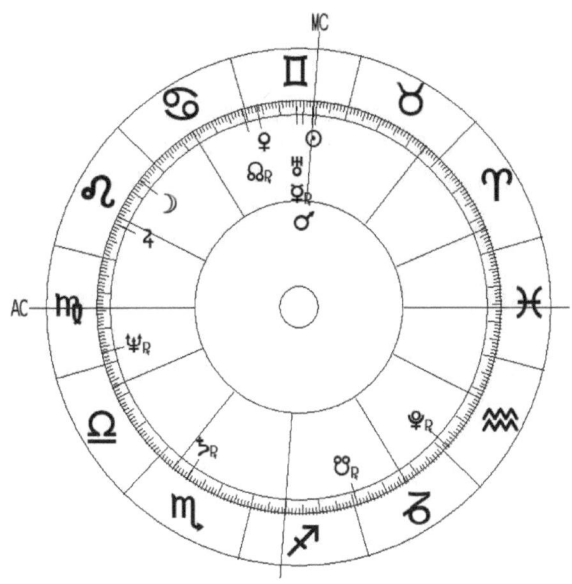

Voltaire – Tod am 30.05.1778 (12 Uhr ?)

Beim seinem **Tode** hatten sich **Mars, Merkur** und die **Sonne** noch enger in **Konjunktion** miteinander verbunden. Hinzugetreten waren **Uranus** und **Venus**. Sollte Voltaire gegen 12 Uhr gestorben sein, hätten alle Planeten zusätzlich am Medium Coeli gestanden. Auffällig ist zudem die **Konjunktion** von **Jupiter** mit dem **Mond**. Sie könnte auf einen längeren nachtodlichen Aufenthalt auch in der Jupiter-Sphäre hindeuten. Die Opposition von Jupiter und Pluto zum Mond bei der Geburt wandelte sich in eine Opposition von Pluto zu Jupiter und Mond um.

Goethe

Der Dichter, Politiker und Naturforscher **Johann Wolfgang Goethe**, ab 1782 durch Erhebung in den Adelsstand „von Goethe", wurde nach seinen eigenen Angaben in „Dichtung und Wahrheit" (Teil 1, Buch 1) *„am 28. August 1749, mittags mit dem Glockenschlage zwölf"* in Frankfurt am Main geboren. Seiner Inkarnation im 18./19. Jahrhundert ging laut Rudolf Steiner ein längerer Aufenthalt in der **Jupitersphäre** voraus:

„Da ist eine Individualität, die führt uns zurück ins alte Griechenland, so in eine Art platonischer, aber zugleich auch bildhauerischer Atmosphäre. Eine wichtigste Inkarnation hat diese Individualität in dieser plastischen Zeit Griechenlands erlebt als Bildhauer. Das, was sie da erlebt hat, trug sie in spätere Zwischenverkörperungen, die weniger wichtig waren, hinein. Das ist eine Individualität, die ihr Karma ausarbeitete für ihre vorläufig letzte Erdeninkarnation besonders in der Sphäre der Weisheit Jupiters." [19]

Wie bei Heinrich Heine kam auch bei Goethe in seiner bisher letzten Inkarnation ein Karma zum Tragen, das wohl aus der drittvorherigen Inkarnation resultiert, denn Rudolf Steiner sagte, dass Goethe das

---

[19]   GA 239 „Esoterische Betrachtungen karmischer Zusammenhänge – Band V", Breslau, Vortrag vom 9. Juni 1924

damals Erlebte zunächst *„in spätere Zwischenverkörperungen"* hinein-
trug, *„die weniger wichtig waren"*. Noch im selben Vortrag konkretisierte
Rudolf Steiner diese Aussage mit den Worten, dass Goethe als Mann *„in
Griechenland gelebt hatte und dann durch weibliche Inkarnationen
durchging."*

Des Öfteren sprach Rudolf Steiner in seinen Karma-Vorträgen von
„weniger wichtigen Inkarnationen". Dabei scheint es sich in der Regel
um weibliche Inkarnationen gehandelt zu haben, in denen weniger
Gelegenheit geboten war, sich zu bedeutsamen historischen Persönlichkeiten zu entwickeln, schon allein aufgrund des in den letzten
Jahrtausenden vorherrschenden Patriarchats. Selbstverständlich gab es
seltene Ausnahmen, wie zum Beispiel die große Mathematikerin
Hypatia von Alexandria im 4. Jahrhundert nach Christus oder die Nonne
Roswitha von Gandersheim im 10. Jahrhundert. In den weitaus meisten
Fällen dienten uns die weiblichen Inkarnationen bisher aber offenbar
vor allem zur Verinnerlichung und seelischen Vertiefung. Mit der inzwischen zunehmenden Gleichberechtigung der Geschlechter und dem
häufigeren Hinaustreten von Frauen in die Öffentlichkeit, ja sogar der
Übernahme von Regierungsämtern, werden von nun an sicherlich
immer mehr weibliche Inkarnationen zu den „wichtigen" und oft auch
historisch bedeutsamen Erdenleben der Menschen zählen.

Doch zurück zu Goethe, der nach Rudolf Steiners oben zitierter
Aussage einen längeren vorgeburtlichen Aufenthalt in der **Jupiter-
sphäre** hatte. In seinem Geburtshoroskop fällt tatsächlich eine enge
Konjunktion Jupiters mit dem **Mond** auf, einem der beiden „Lichter",
welche den mit ihnen verbundenen Planeten immer eine besondere
Aufwertung verleihen. Darüber hinaus befindet sich diese **Konjunktion**
nahe am **Imum Coeli**. Sie erhält eine zusätzliche Betonung durch die
Opposition zur **Sonne** am **Medium Coeli**. Letztere befindet sich in
Konjunktion mit **Merkur**. In der **Merkursphäre** lernt der Mensch nach
dem Tode erkennen, dass der Maja der Sinneswelt eine höhere übersinnliche Realität zugrunde liegt. Das war die grundlegende Überzeugung Goethes, erweitert und wesentlich vertieft durch seine vorgeburtlichen Erlebnisse in der Weisheitssphäre **Jupiters**.

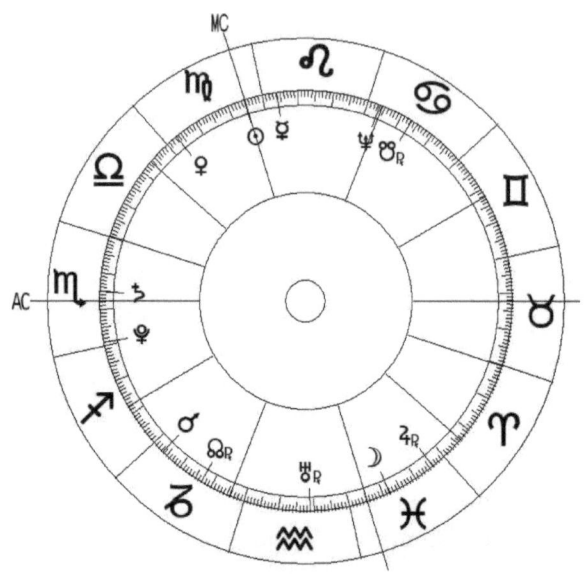

Goethe – Geburt am 28.08.1749 um 12 Uhr

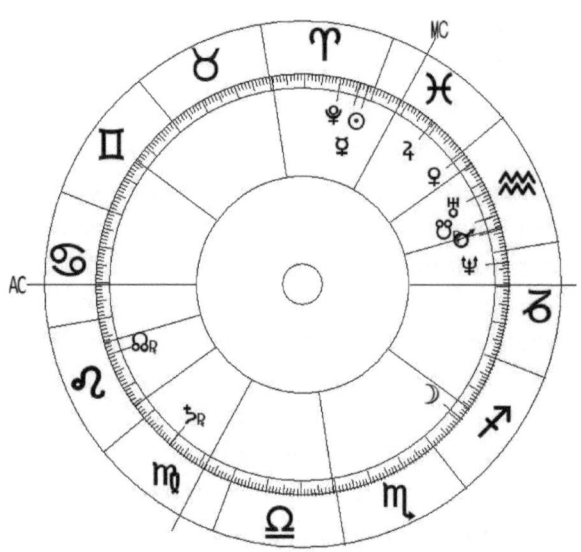

Goethe – Tod am 22.03.1832 um 11.30 Uhr

Nach Angaben aus dem familiären Umfeld soll Goethes **Tod** am späten Vormittag des **22. März 1832** gegen **11.30 Uhr** in Weimar erfolgt sein. In seinem Todeshoroskop finden wir wieder die **Sonne-Merkur-Konjunktion** am **MC**. Nun haben sich **Jupiter** und **Pluto** hinzugesellt, was auf einen erneuten wichtigen nachtodlichen Aufenthalt in der Jupitersphäre hinweist sowie auf Erlebnisse in einer noch weitaus höheren Sphäre.

Die exakte **Opposition Saturns** zu **Jupiter** und zur **Sonne** in Goethes **Todeshoroskop**, nahe **Imum** und **Medium Coeli**, könnte einen zusätzlichen längeren nachtodlichen Aufenthalt in der **Saturnsphäre** ankündigen. Denn Konjunktionen und Oppositionen scheinen in dieser Beziehung gleichermaßen eine wichtige Rolle zu spielen.

Éliphas Lévi

Der Schriftsteller und Okkultist **Éliphas Lévi Zahed**, bürgerlichen Namens **Alphonse Louis Constant**, wurde am **8. Februar 1810** in Paris **geboren**. Rudolf Steiner teilt uns mit, dass seiner Geburt, ähnlich wie bei Goethe, ein längerer nachtodlicher Aufenthalt in der **Jupitersphäre** vorausging, jedoch deutlich anderer Art, entsprechend der großen Verschiedenheit beider Individualitäten. Élivas Lévi war vor der (Wieder-) Entdeckung Amerikas durch Kolumbus in Mexiko inkarniert als Teilnehmer der damals schon verfallenden Mysterien des Quetzalkoatl. Er hatte danach keine weitere „weniger wichtige Inkarnation", sondern wurde anschließend im 19. Jahrhundert als Mann wiedergeboren.

Éliphas Lévi ging laut Rudolf Steiner *„auch durch die Jupitersphäre, prägte dasjenige, was man erfahren konnte in den mexikanischen Mysterien, dann auch um in der Jupitersphäre. Aber es konnte nicht dasselbe in der Jupitersphäre entstehen aus einem Erdenleben, das in Griechenland* [von Goethe] *so erlebt worden ist, wie ich es geschildert habe, und aus einem Erdenleben, das in Mexiko so erlebt wurde, wie ich es* *geschildert habe. Beides ist durch die Weisheitssphäre des Jupiter gegangen, aber beides ist so geworden, wie es werden musste gemäß den Gestaltungskräften aus dem früheren Leben.*

Die Individualität, die durch die mexikanischen Mysterien gegangen ist, ging durch die Jupitersphäre, wurde wiedergeboren als Éliphas Lévi. Da haben Sie in einer merkwürdigen Weise in Weisheit umgewandelt magisch-rituelle Handlungen, magische Kulte. Es ist eben minderwertiges Jupiterkarma, trotzdem außerordentlich geistvolles, weisheitsvolles. Man sieht daran, wie zusammenwirken dasjenige, was der Mensch im Erdenleben erfahren hat, und dasjenige, was er zwischen dem Tod und einer neuen Geburt wird. Es wird durchaus das spätere Leben nach dem früheren Leben gebildet, aber in mannigfaltiger Weise kann durch die gleiche Sphäre umgeprägt werden im Karma dasjenige, was ein Mensch im Erdenleben durchgemacht hat. Wenn man so ansieht die Gestaltung des menschlichen Lebens im karmischen Sinne, vertieft man erst richtig dieses Menschenleben. Dann bereichert es sich, dann erscheint es erst in seiner ganzen Wirklichkeit, dann kennt man in Wirklichkeit erst den Menschen und das Menschenleben." [20]

Am **31.05.1875 verstarb** Éliphas Lévi an seinem Geburtsort Paris. Die genaue Zeit seines Todes ist nicht bekannt. Das **Todeshoroskop** unten zeigt daher die Situation zur Mitte des Tages, um 12 Uhr. Die im **Geburtshoroskop** auffällige fast gradgenaue **Konjunktion** von **Mond, Jupiter** und dem **absteigenden Mondknoten** präsentiert sich im **Todeshoroskop** in etwas abgewandelter Form. Der **Mond** hat sich nun dem **aufsteigenden Mondknoten** zugesellt und ist in fast gradgenaue **Opposition** zu **Jupiter** getreten, der wiederum beim **absteigenden Mondknoten** steht. Das dürfen wir wohl als Hinweis auf einen weiteren längeren nachtodlichen Aufenthalt dieser Individualität in der **Jupitersphäre** ansehen, nun aber sicherlich auf einer höheren Entwicklungsstufe. Darüber hinaus sehen wir erneut, welche große Bedeutung den Konjunktionen und Oppositionen in diesem Zusammenhang zukommt.

---

[20] GA 239 „Esoterische Betrachtungen karmischer Zusammenhänge – Band V", Breslau, Vortrag vom 9. Juni 1924

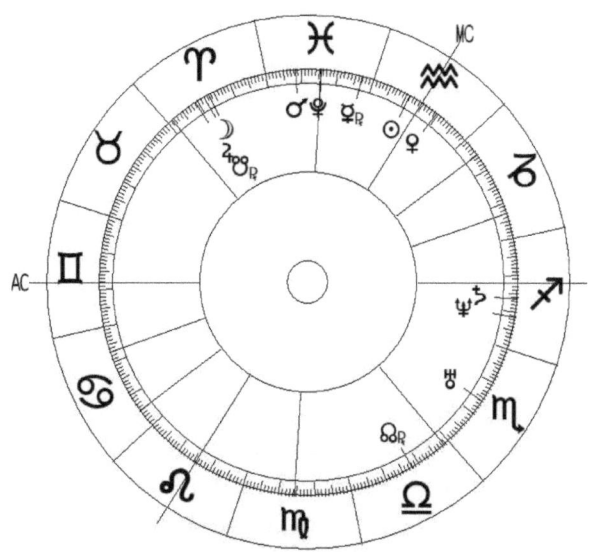

Éliphas Lévi – Geburt am 08.02.1810 (12 Uhr ?)

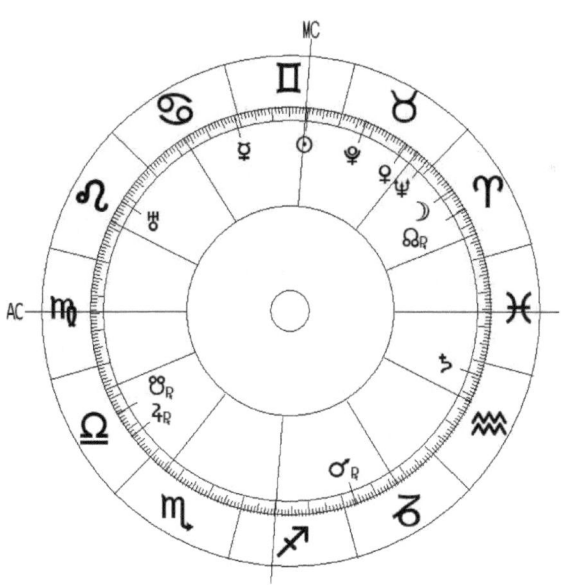

Éliphas Lévi – Tod am 31.05.1875 (12 Uhr ?)

Friedrich Schiller

Der Dichter, Philosoph, Historiker und Arzt **Friedrich Schiller**, ab 1802 durch Erhebung in den Adelsstand „von Schiller", wurde am **10. November 1759** in Marbach am Neckar **geboren**. Die genaue Geburtszeit ist nicht bekannt. Aus biographischen Überlieferungen leiten manche 22 bis 23 Uhr ab. Für die folgende Abbildung wurde 23.30 Uhr als Geburtszeit angenommen, weil dadurch **Saturn** an den Deszendenten heranrückt. Dabei steht er dem in Aszendentennähe befindlichen **Mond** in **Opposition** gegenüber, was ihn zusätzlich aufwertet. Das stünde im Einklang mit Rudolf Steiners Aussage, wonach Schillers Seele von einem längeren vorgeburtlichen Aufenthalt in der **Saturnsphäre** wesentlich geprägt wurde, weil sie dort tief aufwühlende Erlebnisse aus einer früheren Inkarnation zur Zeit der brutalen Christenverfolgung im 1. und 2. Jahrhundert nach Christus aufzuarbeiten hatte. [21]

Ergänzend sehen wir in Schillers Geburtshoroskop **Merkur** nahe bei der **Sonne** sowie **Mars** und **Neptun** beim **Mond**. Daher dürften auch Erlebnisse in diesen Sphären eine wichtige Rolle bei der Ausgestaltung des Karmas gespielt haben. Wie wir schon an den vorherigen Beispielen gesehen haben, kommt **Konjunktionen** und **Oppositionen**, insbesondere zu den „Lichtern" **Sonne** und **Mond**, bei reinkarnatorischen Beurteilungen von Horoskopen eine große Bedeutung zu.

Beim **Tode** Schillers, am **9. Mai 1805**, waren **Saturn** und **Uranus**, die sich bei der Geburt schon nahe gestanden hatten, noch enger zusammengerückt. Sie befanden sich nun in **Konjunktion** mit dem **Mond**, anstelle von **Mars** und **Neptun**. Man könnte daraus einen nochmaligen längeren nachtodlichen Aufenthalt Schillers in der **Saturnsphäre** ableiten.

---

[21]   GA 239 „Esoterische Betrachtungen karmischer Zusammenhänge – Band V", Breslau, Vortrag vom 10. Juni 1924

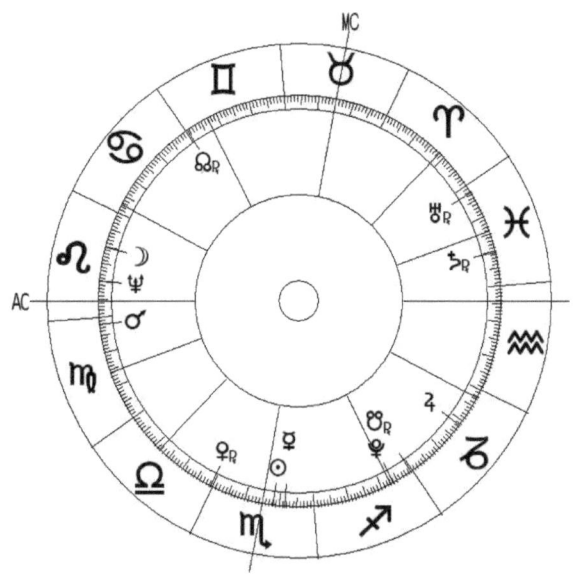

Friedrich Schiller – Geburt am 10.11.1759 (23.30 Uhr ?)

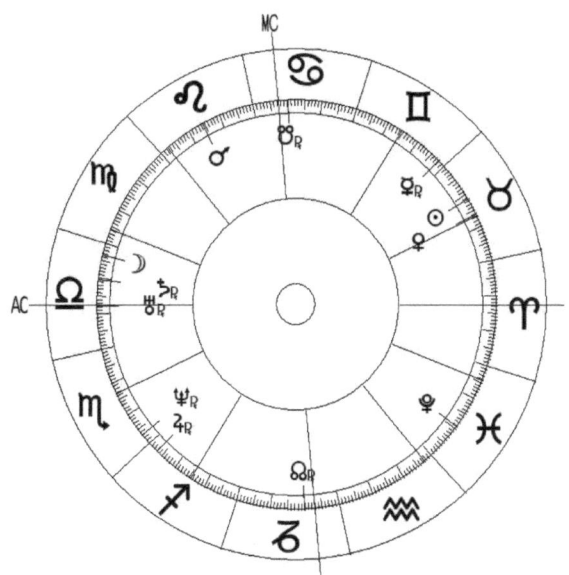

Friedrich Schiller – Tod am 09.05.1805 um 16.30 Uhr

Schillers **Tod** soll **zwischen 16 und 17 Uhr** eingetreten sein. Daher wurde das Todeshoroskop für 16.30 Uhr erstellt. Die Dreiergruppe **Saturn-Uranus-Mond** kommt dadurch am **Aszendenten** zu stehen, was diesen Planeten eine zusätzliche Betonung verleiht.

Hinzu kommt eine enge **Konjunktion** von **Sonne** und **Venus**. So dürfen wir hier wohl auch einen längeren nachtodlichen Aufenthalt in ihren Sphären vermuten. In der Regel durchlaufen wir nach dem Tode sämtliche Sphären. Jedoch halten wir uns in einigen länger auf und haben dort wichtigere Erlebnisse als in anderen Sphären. All dies hängt stets von der Entwicklung in den vorausgegangenen Inkarnationen ab.

Victor Hugo

Der berühmte französische Schriftsteller und Politiker **Victor-Marie Hugo** wurde am **26. Februar 1802** um **22.30 Uhr** in Besançon geboren. Die Geburtszeit ist historisch überliefert. Seiner Inkarnation im 19. Jahrhundert ging ein Erdenleben als Frau voraus, von dem Rudolf Steiner nichts Weiteres berichtet. Davor war Victor Hugo als Mann in Irland inkarniert als ein Eingeweihter der hybernischen Mysterien:

*„Nun gibt es eine Individualität, die bis zu einem gewissen Grade in diese hybernischen Mysterien eingeweiht war in einer sehr frühen Zeit und dann später eine weibliche Inkarnation durchmachte; aber die eine Inkarnation Hybernias wirkte tief, tief auf die Seele. Dann machte diese Individualität in einem Leben zwischen Tod und neuer Geburt dasjenige durch, was man erlebt, wenn man durch eine **Saturnverarbeitung** des Karmas geht. Da wurde die ganze Bedeutung der Seelenerrungenschaften, die erlangt werden konnten in einer hybernischen Initiation – nicht in der höchsten, aber in einer Initiation doch bis zu einem gewissen Grade –, rückwärts geschaut in einer nach dem universellen Geschehen gehenden Perspektive. Die ganze Bedeutung desjenigen, was man in Hybernia*

lernen, konnte, wurde gesehen in seiner Stellung gegenüber dem ganzen vergangenen Wirken der Menschenwesenheit." [22]

Wie viel ein Mensch von dem Großartigen einer solchen Inkarnation als Eingeweihter der Mysterien Hybernias und der anschließenden Aufarbeitung in der Saturnsphäre in sein nächstes Erdenleben herab bringen kann, hängt jedoch sehr stark von der Beschaffenheit des ihm zur Verfügung stehenden neuen Körpers ab. So berichtete Rudolf Steiner weiter:

„Aber weil es [das großartige vorgeburtlich Erlebte] *untertauchen musste in einen Körper, der nicht so war wie die ganz merkwürdigen Körper der alten irischen Eingeweihten, sondern eben wie der Körper eines Franzosen des neunzehnten Jahrhunderts, so trat da vieles zurück, verwandelte sich jedoch in schwungvolle, aber phantastische Bilder, die doch wieder etwas Eindringliches, Großartiges haben. Diese Individualität wurde dann die Persönlichkeit* **Victor Hugos***. Wiederum sehen Sie, dass selbst bis dahin, wo zwei aufeinanderfolgende Erdenleben so unähnlich sind wie das Leben des irischen Eingeweihten und dasjenige Victor Hugos, Karma hindurchwirkt. Denn man darf nicht in äußerlicher Ähnlichkeit Wirkungen des Karma suchen, sondern man muss sehen auf dasjenige, was in den Untergründen der Menschenwesenheit aus einem Erdenleben in das andere hinübergetragen wird durch das Karma."*

Da Victor Hugo vorgeburtlich einen längeren bedeutsamen Aufenthalt in der **Saturnsphäre** zu durchleben hatte, sollte nach unseren bisherigen Erkenntnissen der Planet **Saturn** in seinem Geburtshoroskop durch eine Konjunktion oder Opposition mit der Sonne oder dem Mond, oder durch eine Position in der Nähe eines der Eckpunkte des Horoskopes hervorgehoben sein.

Tatsächlich finden wir **Saturn** in Konjunktion mit **Jupiter** unweit der **Himmelsmitte** und in fast gradgenauer **Opposition** zur **Sonne**, welche sich in enger Nachbarschaft mit **Pluto** und **Venus** zeigt.

---

[22] GA 239 „Esoterische Betrachtungen karmischer Zusammenhänge – Band V", Breslau, Vortrag vom 10. Juni 1924

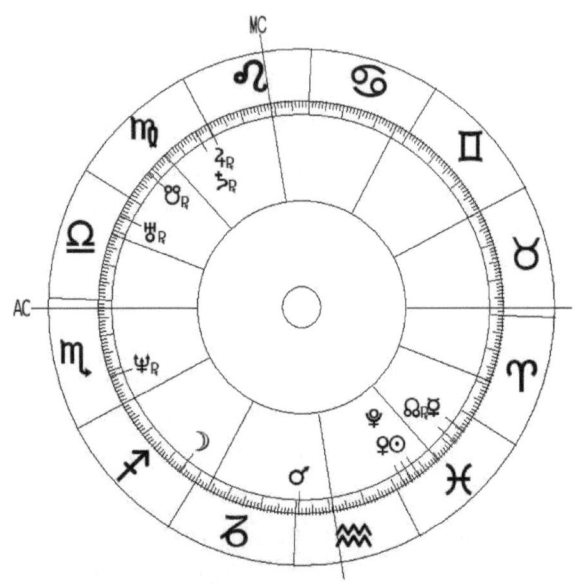

Victor Hugo – Geburt am 26.02.1802 um 22.30 Uhr

Hier lohnt es sich wiederum zu prüfen, ob sich diese Planeten-konstellation am Ende seines Lebens wenigstens teilweise im **Todes-horoskop** wiederfindet als ein Kennzeichen seiner Individualität.

Victor Hugo **starb** am **22. Mai 1885** in Paris. Der Todeszeitpunkt ist nicht bekannt. Daher wurde sein Todeshoroskop für 12 Uhr erstellt. Die **Sonne** steht in der Abbildung unten also nur rein spekulativ am Medium Coeli. Jedoch finden wir sie nach 83 Jahren, als deutliches Merkmal seiner Individualität, wiederum in enger **Konjunktion** mit **Pluto** und **Venus**.

Offensichtlich gibt es nicht nur Beziehungen zwischen dem Todes-horoskop eines früheren Erdenlebens und dem nachfolgenden Geburts-horoskop, sondern ebenso Ähnlichkeiten zwischen Geburts- und Todes-horoskop ein und desselben Erdenlebens.

Eine weitere solche Ähnlichkeit finden wir hier beim Planeten **Merkur**. Er stand beim **Tode** Victor Hugos in ähnlicher Entfernung zur **Sonne** wie bei der **Geburt**, am Lebensende aber vereint mit **Neptun** und **Mars**. Letzterer hatte sich bei der Geburt bereits auf derselben Seite des Horoskopes aufgehalten wie **Sonne, Pluto, Venus** und **Merkur**. Dieser großen Gruppe hat sich schließlich noch **Saturn** angeschlossen.

Victor Hugo – Tod am 22.05.1885 (12 Uhr ?)

Jupiter, der im **Geburtshoroskop** eine **Oppositionsverbindung** zur **Sonne** hatte, zeigte sich beim **Tode** Victor Hugos nahe dem **Mond** und dem **Uranus**. Diese drei bildeten eine weite **Konjunktion**.

Auffallend ist im vorliegenden Falle, wie sehr sich alle Planeten um eines der beiden Lichter gruppierten. Selbst der aufsteigende Mondknoten war dem Monde nah.

Reinkarnationsreihen

Wichtiger Hinweis!

Es folgen nun vergleichende Betrachtungen zu Horoskopen einer Reihe historischer Persönlichkeiten und ihrer von Rudolf Steiner mitgeteilten vorangegangenen Inkarnationen.

Hierbei ist UNBEDINGT folgender GRUNDSATZ zu beachten:

> **Auffallende astrologische Ähnlichkeiten zwischen Horoskopen aufeinanderfolgender Inkarnationen einer Person können zwar als Bestätigung von Aussagen Rudolf Steiners angesehen werden.**
>
> **ABER: Das tatsächliche Vorliegen einer Reinkarnation kann NIEMALS (!!!) allein auf astrologischem Wege bewiesen werden!**

Wer Ähnlichkeiten seines eigenen Horoskopes mit dem Horoskop einer historischen Persönlichkeit entdeckt, kann daraus niemals mit Sicherheit auf eine reinkarnatorische Verbindung mit dieser Person schließen, denn jeden Tag werden auf der Erde viele Menschen unter denselben Planetenkonstellationen geboren, manche sogar zur selben oder fast derselben Uhrzeit, mitunter sogar in räumlicher Nähe, sodass auch der Aszendent und die übrigen Häuserspitzen in den Horoskopen nicht weit voneinander entfernt zu liegen brauchen.

Ebenso wurden am selben Tag, an dem die betreffende historische Persönlichkeit geboren wurde, zeitgleich oder doch sehr zeitnah und manchmal auch ortsnah weitere Personen geboren. Darüber hinaus werden die zu vergleichenden Todes- und nachfolgenden Geburtshoroskope niemals völlig übereinstimmen können, sondern allenfalls in Teilaspekten. Es sind höchstens auffällige Ähnlichkeiten möglich. Doch selbst wenn diese in Einzelfällen geradezu verblüffend sein mögen, kann das tatsächliche Vorliegen einer Reinkarnation niemals allein durch eine astrologische Betrachtung bewiesen werden!

Unter Beachtung dieses wichtigen Grundsatzes sollen nun die Todes- und nachfolgenden Geburtshoroskope von solchen historischen Persönlichkeiten miteinander verglichen werden, bei denen wir uns auf die ausdrückliche Zusicherung Rudolf Steiners verlassen können, dass es sich gemäß den Ergebnissen seiner Geistesforschung tatsächlich um Reinkarnationen handelt.

Papst Gregor VII. (Hildebrand) – Ernst Haeckel

Zwischen 1025 und 1030 wurde der Mönch **Hildebrand** geboren. Das genaue Geburtsdatum ist nicht bekannt. Sein Geburtshoroskop kann deshalb nicht erstellt werden. Im Jahre 1073 wurde Hildebrand zum römischen **Papst Gregor VII.** gewählt. Er führte die nach ihm benannten „gregorianischen Kirchenreformen" des 11. Jahrhunderts durch. Am **25. Mai 1085 starb** er in Salerno. Auf Grundlage dieser Daten lässt sich zumindest ein **Todeshoroskop** erstellen.

Nach Aussage Rudolf Steiners war für diese Individualität der nachtodliche Durchgang durch die **Saturnsphäre** prägend. Wir sollten daher eine Betonung Saturns im **Todeshoroskop** Gregors VII. annehmen dürfen. Ob der Abstand **Saturns** zu Sonne und Mond für eine solche Betonung ausreicht, ist fraglich. Unter der Vermutung, dass **Saturn** wohl zumindest an einem der Eckpunkte des Horoskopes gestanden haben dürfte, wurde willkürlich 2.15 Uhr als Todeszeitpunkt angenommen. **Saturn** wäre dann gemeinsam mit **Venus** gerade im Osten aufgegangen, hätte sich also am Aszendenten befunden. Jedoch kämen ebenso Positionen an den anderen drei Eckpunkten des Horoskopes in Frage.

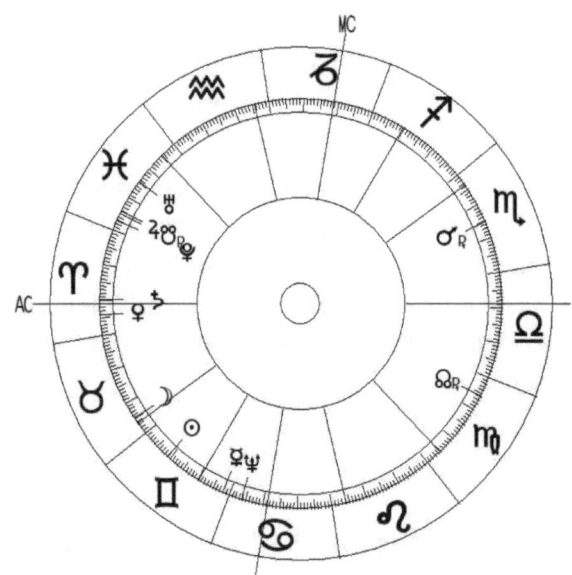

Papst Gregor VII – Tod am 25.05.1085 (2.15 Uhr ?)

Die Individualität Papst Gregors VII. wurde im 19. Jahrhundert offenbar als der Mediziner, Zoologe und Philosoph **Ernst Haeckel** wiedergeboren, denn Rudolf Steiner nannte dessen *„wichtigste vorhergehende Erdeninkarnation den Papst Gregor [...], der als Hildebrand hervorgegangen ist aus der Clunianzenser Reform".*[23] An seinem Beispiel sehen wir, dass dieselbe Individualität in ihren aufeinanderfolgenden Erdenleben sehr verschiedenartige Ansichten haben kann, ja sogar richtige Gegensätze auftreten können. So begegnen wir hier der *„Tatsache,*

---

[23] GA 239 „Esoterische Betrachtungen karmischer Zusammenhänge – Band V", Breslau, Vortrag vom 10. Juni 1924

dass der die Kirche so wütend bekämpfende **Ernst Haeckel** *der wieder-*
verkörperte Mönch Hildebrand war, der als Gregor der große Papst war in
der vorigen Inkarnation. Da sehen wir, wie gleichgültig der äußere Inhalt
des Glaubens oder der Anschauung eines Menschen im Erdenleben ist;
denn das sind [nur] seine Gedanken. Aber studieren Sie einmal Haeckel,
und studieren Sie namentlich im Zusammenhange mit dem, was er als Abt
Hildebrand war, den Gregor [...], dann werden Sie sehen, dass in der Tat
da dynamisch ein Fortwirken vorhanden ist."

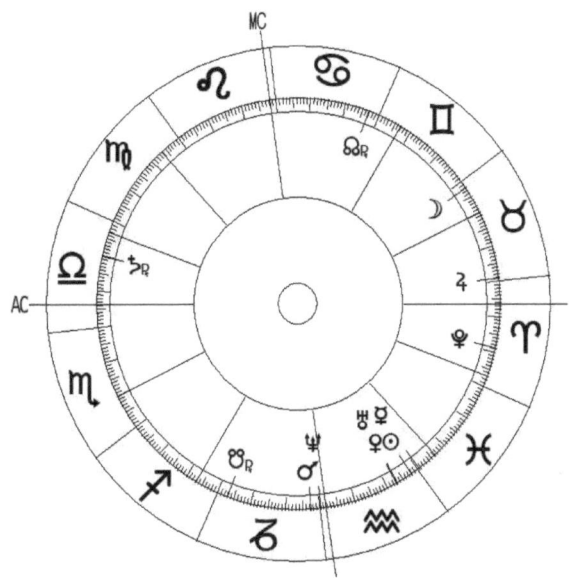

Ernst Haeckel – Geburt am 16.02.1834 um 22.30 Uhr (?)

Ernst Haeckel wurde am **16. Februar 1834** in Potsdam geboren.
Bei astro-seek.com findet sich sein Geburtshoroskop mit der **Geburtszeit 22.30 Uhr**, jedoch ohne Quellenangabe. Sollte die Uhrzeit richtig
sein, hätte **Saturn** in hervorgehobener Position nahe dem Aszendenten
gestanden. Das stünde im Einklang mit Rudolf Steiners Angaben,

wonach Ernst Haeckel sein Karma vor allem während eines längeren Aufenthaltes in der **Saturnregion** ausgearbeitet habe.

Auf den ersten Blick sieht das **Todeshoroskop Papst Gregors** ganz anders aus als das **Geburtshoroskop Ernst Haeckels**. Erst bei genauerer Betrachtung ergeben sich dann doch auffallende Ähnlichkeiten zwischen den beiden. Interessant sind in diesem Zusammenhang wiederum vor allem **die äußeren Planeten**. Im vorliegenden Fall finden wir in beiden Horoskopen **Neptun** in der Nähe der **Sonne**, was wir als weite **Konjunktion** auffassen können.

Des Weiteren zeigen sich **Jupiter** und **Pluto**, die beim **Tode Papst Gregors** in sehr enger **Konjunktion** beieinander standen, im **Geburtshoroskop Ernst Haeckels** wiederum benachbart, wenngleich ihre **Konjunktion** nun etwas weiter ist. Unter Berücksichtigung der Präzession des Frühlingspunktes durch die langsame Drehung der Erdachse, stand **Jupiter** sogar noch im Widder, das heißt im selben Zeichen wie **Pluto**, denn im Jahre 1834 endete das Tierkreiszeichen Widder in Wirklichkeit erst bei 6° Stier. Siehe hierzu die „Vorbemerkung" am Anfang dieses Buches.

Pluto befand sich bei **Haeckels Geburt** zudem in fast exakter Opposition zu **Saturn** und betonte daher zusätzlich diesen am Aszendenten stehenden Planeten, der die wichtigen vorgeburtlichen Erlebnisse Haeckels in der Saturnsphäre repräsentiert. Wir sehen hieran erneut, dass außer Planetenpositionen an den Eckpunkten eines Horoskopes vor allem **Oppositionen** und **Konjunktionen** wichtig sind.

Venus, die beim **Tode Gregors VII.** in **Konjunktion** mit dem bedeutsamen **Saturn** stand, und **Uranus**, der sich nahe bei der **Jupiter-Pluto-Konjunktion** aufhielt, haben sich bei der Reinkarnation als **Ernst Haeckel** gemeinsam zu einer **Konjunktion** mit der so wichtigen **Sonne** zusammengefunden, begleitet von **Merkur**. Darüber hinaus steht der **Mond** nun fast an der gleichen Stelle wie im Todeshoroskop von Papst Gregor.

Die auf den ersten Blick so unähnlich erscheinenden Horoskope zeigen doch eine ganze Reihe von Gemeinsamkeiten, welche durchaus als eine astrologische Bestätigung der Aussage Rudolf Steiners angesehen werden können, dass es sich hier um eine Reinkarnation handelt.

Wie hat später das **Todeshoroskop Ernst Haeckels** ausgesehen? Zieht sich auch bei ihm ein „roter Faden" durch seine Inkarnationen? Hat sich bis zu seinem neuerlichen Tod auf der Erde die astrologische Verbindung mit der vorherigen Inkarnation als Papst Gregor VII. erhalten? – **Ernst Haeckel** starb am **9. August 1919** in Jena. Die Uhrzeit ist nicht bekannt. Sein **Todeshoroskop** wurde deshalb spekulativ für 12 Uhr erstellt.

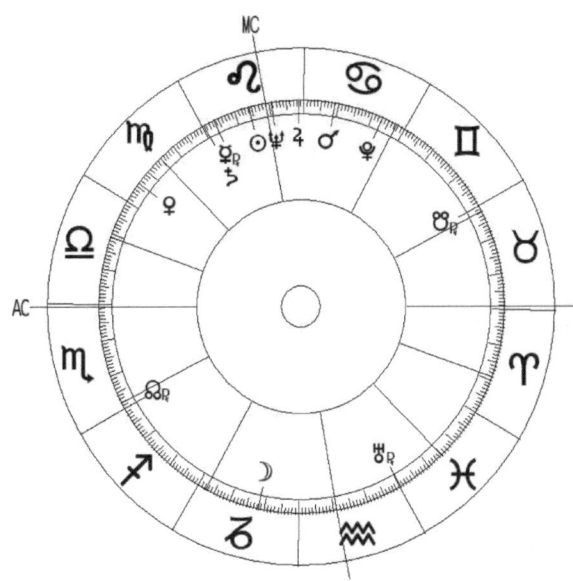

Ernst Haeckel – Tod am 09.08.1919 (12 Uhr ?)

Sofort fällt auf, dass sich **Jupiter und Pluto**, die bereits im **Todeshoroskop Papst Gregors** aufgrund ihrer sehr engen Konjunktionsstellung eine wichtige Rolle spielten, gemeinsam in **Sonnennähe** aufhalten, wodurch sie aufgewertet werden. Ihnen haben sich beim **Tode Ernst Haeckels** nun **Mars** und **Neptun** angeschlossen. Diese beiden Planeten waren im **Geburtshoroskop Ernst Haeckels** bereits in **Konjunktion** vereint.

Zudem sehen wir den so wichtigen **Saturn** nahe bei der **Sonne**. Nunmehr in enger Gemeinschaft mit **Merkur**, der schon bei Haeckels Geburt nahe bei der Sonne stand, was für Merkur allerdings nicht ungewöhnlich ist. Aus der damals vorhandenen engen *Konjunktion* **Merkur-Uranus** ist beim Tode eine ebenso enge *Opposition* **Merkur-Uranus** geworden. Wiederum bestätigt sich, welch große Bedeutung den Konjunktionen und Oppositionen zukommt. Sie können sich in den aufeinanderfolgenden Inkarnationen offenbar sogar abwechseln.

Venus, die beim **Tode Papst Gregors** in enger **Konjunktion** bei **Saturn** stand, hielt sich beim **Tode Ernst Haeckels** erneut in der Nähe **Saturns** auf. Und sogar die **Opposition Mond-Mars** zum **Todeszeitpunkt Papst Gregors** lebt im **Todeshoroskop Ernst Haeckels** erneut auf.

Alles in allem ist das doch ein überaus verblüffendes Ergebnis.

Die Position der großen Planetengruppe am Medium Coeli von Haeckels Todeshoroskop, ist jedoch nur das Ergebnis der spekulativ angenommenen Todeszeit von 12 Uhr.

Kardinal Mazarin – Graf Georg von Hertling

Der französische Kardinal und Minister **Jules Mazarin** wurde am **14. Juli 1602** in Pescina im Königreich Neapel, geboren. Bei astro.com findet sich sein Horoskop mit der **Geburtszeit 19.05 Uhr**, jedoch ohne konkrete Quellenangabe. Es ist also fraglich, ob die Geburtszeit stimmt. Wir wollen uns daher auf die Betrachtung der Planetenkonstellationen beschränken.

Kardinal Mazarin hatte eine frühere Inkarnation – es war wohl die zweitvorherige – Ende des 1. Jahrhunderts nach Christus. Damals war er nach Angaben Rudolf Steiners *„ein Philosoph, der im ausgesprochensten Sinne zu den Skeptikern gehörte, das heißt zu denen, die eigentlich **nichts in der Welt für gewiss halten**. Er gehörte zu derjenigen skeptischen Schule, welche zwar schon das Christentum hereinbrechen sah, aber die durchaus auf dem Boden stand, **dass man sichere Erkenntnisse überhaupt nicht gewinnen könne**, dass man also vor allen Dingen nicht irgendwie sagen könne, ob irgendein göttliches Wesen menschliche Gestalt annehmen könne oder dergleichen."* [24]

Dieses geradezu nebulöse „nichts für gewiss halten" erinnert aus rein astrologischer Sicht an einen **Neptun**-Einfluss. Ungeachtet dessen teilt uns Rudolf Steiner mit: *„Nun sehen wir [...] diese Individualität* [aus dem 1. Jahrhundert n. Chr.] *ganz besonders das Karma ausarbeiten in der **Merkur-Region**, so dass sie nicht im innerlichen Sinne, aber im Sinne der Begabung mit äußerer Intelligenz, große Überschau bekommt über Verhältnisse. Und wenn wir dann diese Individualität weiter verfolgen, treffen wir sie auf der Erde wiederum als jenen Kardinal, der die Regierung Ludwigs XIV. besorgte, während Ludwig XIV. selber noch ein Kind war: als **Kardinal Mazarin**."*

---

[24] GA 238 „Esoterische Betrachtungen karmischer Verhältnisse – Band IV", Dornach, Vortrag vom 19. September 1924

Merkur, der physisch sichtbare Repräsentant der übersinnlichen **Merkursphäre**, kann sich aufgrund der Sonnennähe seiner Bahn nie weit von der Sonne entfernen. Womöglich sind daher seine maximalen westlichen und östlichen Elongationen ähnlich wie Oppositionen zu betrachten und als betonte Stellungen zu bewerten. Ob Merkur bei der Geburt Mazarins zusätzlich nahe dem Deszendenten oder einem anderen der drei Eckpunkte des Horoskops stand, kann aufgrund der fraglichen Geburtszeit nicht mit Sicherheit gesagt werden. Wenn die Angabe 19.05 Uhr stimmt, hat **Merkur** gemeinsam mit der **Venus** und der **Sonne** im **Westen** gestanden und dadurch eine zusätzliche Aufwertung erfahren.

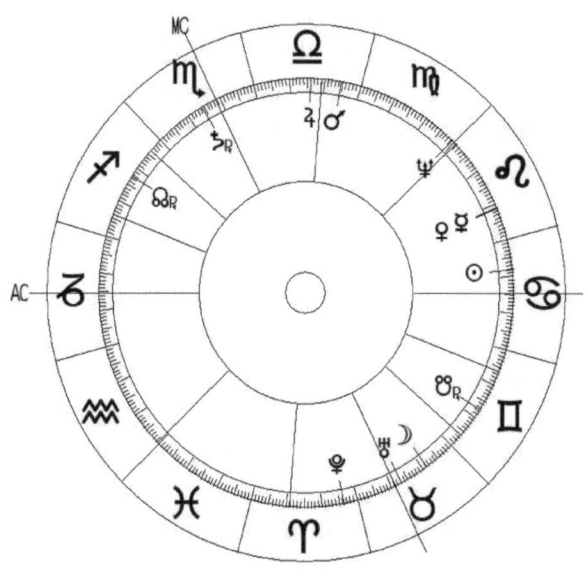

Jules Mazarin – Geburt am 14.07.1602 (19.05 Uhr ?)

Auffällig ist jedenfalls, dass sich **Neptun** unweit **Merkurs** aufhält, und vielleicht müssen wir sogar die Planeten **Neptun**, **Merkur**, **Venus** und **Sonne** als eine gemeinsame **Konjunktionsgruppe** bewerten.

54

Hierin könnte der „rote Faden" dieser Individualität verborgen sein, der sich durch mehrere Inkarnationen hindurchzieht.

Bei reinkarnatorischen Betrachtungen von Horoskopen müssen Konjunktionen und Oppositionen offenbar viel weiter gefasst werden als es die traditionelle Astrologie lehrt. Möglicherweise kommt es sogar nur darauf an, dass Planeten im selben Kreis-Viertel stehen, oder auch in Opposition zum gegenüberliegenden Viertel. Dann wäre ebenso die Planetengruppe **Saturn**, **Jupiter**, **Mars** in **Opposition** zu **Pluto**, **Uranus** und dem wichtigen **Mond** von Bedeutung. Konjunktionen mit dem Mond, als einem der beiden Lichter, sind immer wichtig, wie wir schon gesehen haben.

Wie sahen nun die Planetenkonstellationen beim **Tode** des **Kardinals Mazarin** aus? Er starb am **9. März 1661** in Paris.

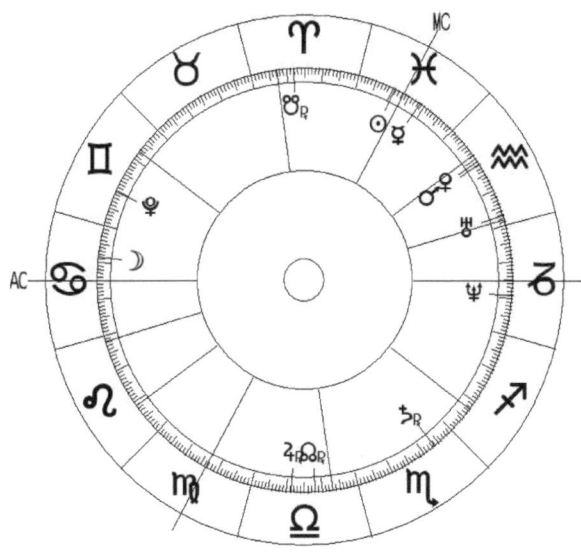

Jules Mazarin – Tod am 09.03.1661 (12 Uhr ?)

Merkur war damals noch näher bei der **Sonne**. **Neptun** befand sich zwar noch im selben Viertel wie Sonne und Merkur, jedoch in größerem Abstand, was seine Bedeutung minderte. Das wurde aber wettgemacht durch seine fast gradgleiche **Opposition** zum **Mond**, die ihn wiederum aufwertete. Aus „Viertel-Sicht" könnte man ergänzend sagen, dass **Neptun** und **Uranus** sich in Opposition zum **Mond** und **Pluto** befanden.

Wie sah die Situation zum Zeitpunkt der **nächsten Geburt** aus? Kardinal Mazarin wurde am **31. August 1843** in Darmstadt als **Georg Friedrich Graf von Hertling** wiedergeboren, der von 1917 bis 1918 Reichskanzler des Deutschen Kaiserreiches war. Wir wollen sehen, ob sich der *neptunische* rote Faden auch in seinem Horoskop finden lässt, selbst wenn wir keine genaue Geburtszeit kennen.

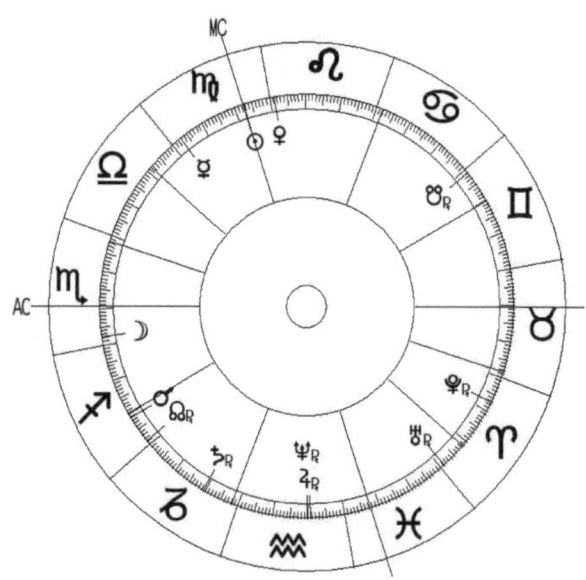

Graf von Hertling – Geburt am 31.08.1843 (12 Uhr ?)

Tatsächlich zeigen sich im **Geburtshoroskop Graf von Hertlings** bemerkenswerte Konstellationen durch die Bildung zweier Planetengruppen in gegenüberliegenden Quadranten: **Merkur**, **Sonne** und **Venus** auf der einen Seite – was für sich genommen nichts Besonderes ist, da sie immer nahe beieinander stehen –, ihnen gegenüber aber **Neptun, Jupiter, Uranus** und **Pluto. Neptun** erhält hierbei durch seine enge **Konjunktion** mit dem wesensverwandten **Jupiter**, vor allem aber durch die **Oppositionstellung** zur **Sonne** und zur **Venus** wiederum vermehrte Bedeutung.

Der *neptunische* „rote Faden" bestand offenbar immer noch. Die Frage ist nun: Hielt er bis zum Lebensende Graf von Hertlings durch? Sein **Todestag** war der **4. Januar 1919.** Eine genaue Uhrzeit ist nicht überliefert.

Graf von Hertling – Tod am 04.01.1919 (12 Uhr ?)

Auf den ersten Blick sehen wir eine noch deutlichere Verteilung der Planeten auf zwei einander gegenüberliegende Viertel. **Pluto, Jupiter, Neptun** und **Saturn** sind wieder in einem gemeinsamen Bereich des Horoskopes zu sehen, wobei auffällt, das sich **Neptun** in exakter, gradgenauer (!) **Opposition** zu **Mond** und **Mars** befindet, und zusätzlich noch in weiter **Opposition** zur **Sonne** sowie zu **Venus** und **Uranus**. Dabei stehen **Uranus** und **Mars** in **beiden Todeshoroskopen** fast im gleichen Abstand zueinander, sogar beide Male im Zeichen Wassermann, nur statt in **Konjunktion** zu **Neptun** (bei Mazarin) nun in **Opposition** zueinander (bei Hertling).

Das Wichtigste aber ist: Die **Neptun-Mond-Opposition** beim **Tode Kardinal Mazarins** tauchte bei seinem **nächsten Tod** als **Graf von Hertling** erneut auf und zwar wiederum gradgenau (!), wie schon am Ende seines vorherigen Erdenlebens. Hieran sehen wir ganz deutlich, wie sich ein „roter Faden", in diesem Falle ein *neptunischer*, durch mehrere Erdenleben zieht.

Tommaso Campanella – Otto Weininger

Zur Person des österreichischen Philosophen **Otto Weininger** hat uns Rudolf Steiner drei vorhergehende Inkarnationen sehr ausführlich beschrieben. Dabei widmete er dem Inkarnationsweg dieser Individualität sogar einen eigenen Vortrag in der Reihe der Karmabetrachtungen des Jahres 1924. [25]

Nach einem Erdenleben als jüdische Frau im 6. Jahrhundert *vor* Christus, zur Zeit der babylonischen Gefangenschaft des jüdischen Volkes, wurde Otto Weininger zunächst als Mann im Übergang vom 5. zum 6. Jahrhundert *nach* Christus geboren. Rudolf Steiner berichtet hierzu:

---

[25] GA 238 „Esoterische Betrachtungen karmischer Zusammenhänge – Band IV", Dornach, Vortrag vom 21. September 1924

„*Aber etwas Merkwürdiges bildete sich bei derjenigen Persönlichkeit heraus, die in den vorchristlichen Jahrhunderten Frau, in dieser Zeit nun Mann war. Es bildete sich dies Merkwürdige heraus, dass, weil ja die Anschauungen so lebhaft waren, bei dieser Persönlichkeit ein starkes Wissen davon auftrat, wie mit der weiblichen Natur überhaupt zusammenhängt das visionäre Leben, das gerade diese Persönlichkeit hatte. Nicht dass man sage, das visionäre Leben hängt im allgemeinen mit der weiblichen Persönlichkeit zusammen; es war eben jetzt herübergekommen aus der früheren weiblichen Inkarnation der ganze Grundcharakter des visionären Lebens. Und dadurch gingen dieser Persönlichkeit unzählige Geheimnisse auf, die sich auf die Wechselwirkung von* **Erde** *und* **Mond** *beziehen, unzählige Geheimnisse zum Beispiel, die sich auf das Fortpflanzungsleben beziehen. Gerade auf diesen Gebieten wurde jetzt diese nunmehr männliche Persönlichkeit außerordentlich bewandert.*"

Das hier von Rudolf Steiner beschriebene merkwürdige Persönlichkeitsprofil prägte ganz gewiss das Nachtodleben dieses Mannes. Wir dürfen deshalb annehmen, dass speziell seine Erlebnisse in der **Mondensphäre** von großer Bedeutung für ihn waren. Wie wir bereits mehrfach feststellen konnten, kommen solche Zusammenhänge im Horoskop der nachfolgenden Geburt zum Vorschein.

Die nächste Geburt dieser Individualität erfolgte am **5. September 1568** in Stilo (Kalabrien) als der italienische Dominikaner und Philosoph **Tommaso Campanella**. Die genaue Geburtszeit ist nicht bekannt.

Im **Geburtshoroskop Campanellas** finden wir tatsächlich den **Mond** stark betont, nicht nur durch seine **Opposition** zu der von anderen Planeten dicht umgebenen **Sonne**, sondern zusätzlich durch seine **Konjunktion** mit dem tiefgründigen **Pluto**.

Des Weiteren fällt die **Opposition** zwischen **Jupiter** und **Uranus** (links im Bild), zu **Neptun** (rechts im Bild) auf. Ob sie wirklich am Aszendenten beziehungsweise Deszendenten gestanden haben, wissen wir nicht, da die genaue Geburtszeit nicht bekannt ist. – Welche Planetenkonstellationen zeigten sich siebzig Jahre später im **Todeshoroskop Campanellas**?

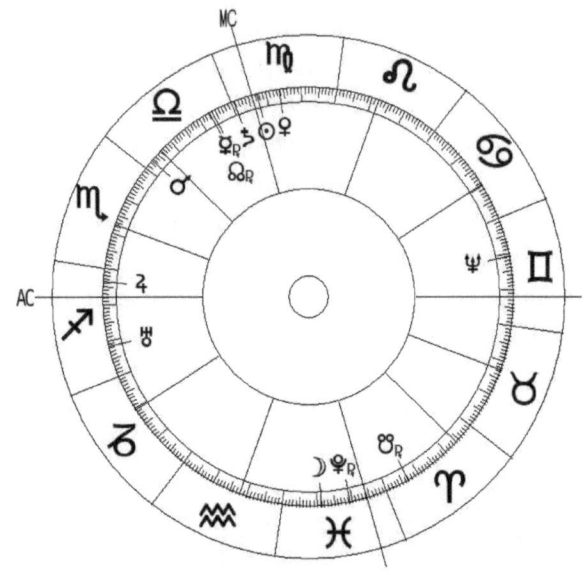

Tommaso Campanella – Geburt am 05.09.1568 (12 Uhr ?)

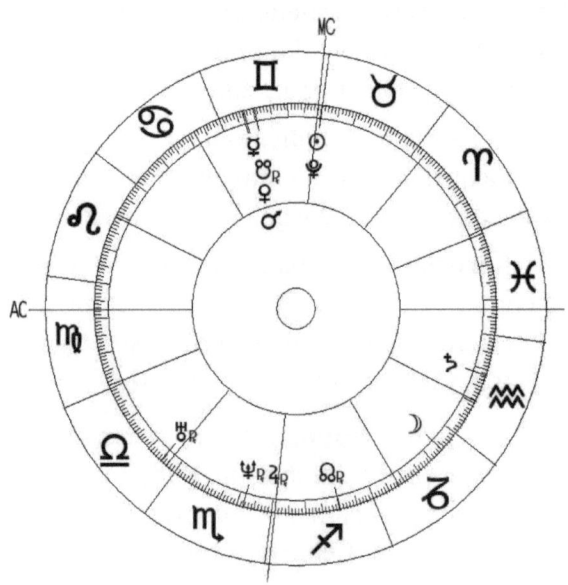

Tommaso Campanella – Tod am 21.05.1639 (12 Uhr ?)

Als **Campanella am 21. Mai 1639** in **Paris** starb, war **Pluto** in engster **Konjunktion** bei der **Sonne** und in ebenso gradgenauer **Opposition** zu **Jupiter** und **Neptun**, nicht weit entfernt von **Uranus**. Wir sehen, wie sich gewisse Geburtskonstellationen in zwar veränderter, aber doch verwandter Weise im **Todeshoroskop** wiederfinden. Besonders **Pluto** scheint hier eine Vorreiterrolle zu spielen, da er bei der **Geburt** in **Konjunktion** mit dem **Mond** und in **Opposition** zur **Sonne**, beim **Tode** dann in engster **Konjunktion** mit der **Sonne** stand. Ob er auch noch am Medium Coeli stand, wissen wir nicht, da wir mangels überliefertem Todeszeitpunkt einfach 12 Uhr angenommen haben.

Am **3. April 1880** wurde Campanella schließlich als der österreichische Philosoph **Otto Weininger** in Wien **wiedergeboren**. Bei astroseek.com ist als Geburtszeit 15 Uhr angegeben. Das erscheint plausibel, weil dadurch **Uranus** am **Aszendenten** zu stehen kommt und im **Quadrat** dazu **Pluto** am **Medium Coeli**. Das würde zu dem späteren tragischen Freitod Weiningers passen. **Mars**, der sich schon beim **Tode Campanellas** beim **absteigenden Mondknoten** aufhielt, befand sich bei der **Geburt Weiningers** erneut in dessen Nähe. Die auffällige **Dreierkonjunktion** von **Saturn, Sonne und Merkur** bei der **Geburt von Campanella** taucht bei seiner **Geburt als Weininger** ebenfalls wieder auf.

Am **4. Oktober 1903** erschoss sich Otto Weininger im Sterbezimmer Beethovens in Wien, das er eigens dafür angemietet hatte. Man vermutet, dass der Freitod in der Nacht oder in den frühen Morgenstunden stattfand. Astrologisch zeigte sich dies als **Uranus-Transit** in 27° Schütze in **Opposition** zum **Mars** des **Geburtshoroskops** in 26° Zwillinge, ergänzt durch den transitierenden **Pluto**, der sich dem Geburts-**Mars** bis auf 21° Zwillinge genähert hatte.

Das **Todeshoroskop Weiningers** wurde für 5 Uhr morgens erstellt. Es zeigt die eben beschriebene verhängnisvolle Konstellation als **Opposition** von **Uranus** und **Mars** in **Himmelstiefe** zu **Pluto** und **Neptun** in **Himmelsmitte**.

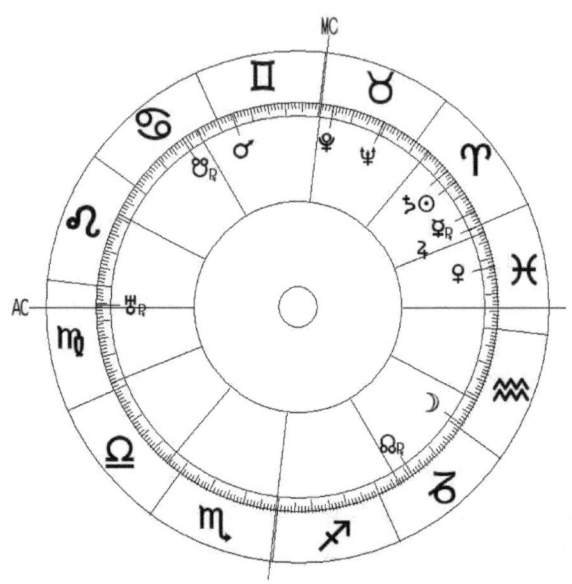

Otto Weininger – Geburt am 03.04.1880 um 15 Uhr (?)

Otto Weininger – Tod am 04.10.1903 (5 Uhr ?)

Gemäß den vier abgebildeten Horoskopen ist der karmische „rote Faden" Otto Weiningers offensichtlich vorwiegend **Pluto**-geprägt.

Ignatius von Loyola – Emanuel Swedenborg

In einem Vortrag vom 24.8.1924 in London enthüllte Rudolf Steiner seinen Zuhörern eine frühere Inkarnation des schwedischen Wissenschaftlers und Mystikers **Emanuel Swedenborg**. Er lebte ehemals als **Ignatius von Loyola**, der Begründer des Jesuitenordens.

Zum Zeitpunkt der **Geburt** des **Ignatius von Loyola** ist uns nur das Jahr **1491** sowie als Ort Schloss Loyola im Baskenland überliefert. Der genaue Geburtstag ist nicht bekannt. Laut Rudolf Steiner kam Ignatius von Loyola zwischen seinem vorherigen Erdenleben und seiner nachfolgenden Geburt, ähnlich wie Voltaire, in der **Marssphäre** *„in eine Berührung mit einem besonderen Genius, mit einer besonderen geistigen Wesenheit, die der Marswelt angehört."* [26] Das machte ihn zu einem Marstypus, *„der zunächst Kriegsmann ist, durch eine schwere Krankheit niedergeworfen wird und während dieser schweren Krankheit zu allerlei Seelenexerzitien getrieben wird, durch die er sich, mit innerlicher spiritueller Stärke erfüllt, die Aufgabe stellen kann, das alte katholische Christentum gegenüber den sich ausbreitenden evangelischen Bestrebungen zu retten."*

Zu diesem Zweck gründete er die „Gesellschaft Jesu", die später als „Jesuitenorden" bekannt wurde, *„der das Christentum am meisten einsenkt in das irdisch-materielle Leben"*. Das Besondere an diesem Orden sind nicht nur seine außergewöhnlich strengen Willens-Exerzitien, sondern darüber hinaus das Gelöbnis des unbedingten Gehorsams gegenüber dem Papst mit bedingungsloser Unterwerfung unter seinen

---

[26] GA 240 „Esoterische Betrachtungen karmischer Zusammenhänge – Band VI", London, 24. August 1924, zweiter Vortrag

Willen. Der Orden wurde ausgesprochen militärisch organisiert und basiert ganz und gar auf dem Prinzip Befehl und Gehorsam.

Die drei hervorstechendsten Wesensarten des **Ignatius von Loyola** waren dementsprechend zum einen sein militärischen Naturell: astrologisch gesehen der **Mars**; des Weiteren seine Willensstärke und Beharrlichkeit, die in seinen strengen Exerzitien zum Ausdruck kamen: aus astrologischer Sicht **Saturn**; sowie andererseits sein starker religiöser, mystisch-spiritueller Impuls: astrologisch **Jupiter** und **Neptun**. Wir dürfen daher erwarten, diese Planeten am Ende seines Lebens, in seinem **Todeshorokop**, in irgendeiner Weise hervorgehoben zu finden.

Ignatius von Loyola **starb** am **31. Juli 1556** in Rom. Sein **Todeshoroskop** wurde mangels überlieferter Uhrzeit für 12 Uhr erstellt.

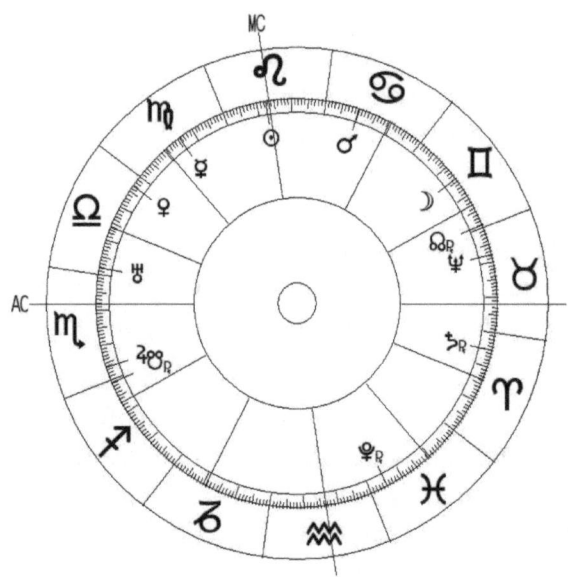

Ignatius von Loyola – Tod am 31.07.1556 (12 Uhr ?)

Der von Rudolf Steiner bei **Ignatius von Loyola** als am stärksten bewertete Planet **Mars** fand sich bei seinem **Tode** in Sonnennähe und zwar im selben Abstand von der **Sonne** wie **Merkur**. Sowohl die Marssphäre als auch die Merkursphäre haben einen starken Bezug zur physischen Welt; die Marssphäre als eine Region der geistigen Welt, die Merkursphäre als eine Region der Seelenwelt. **Merkur** befand sich beim Tode von Ignatius von Loyola in **maximaler Elongation.** Dies kommt bei den inneren Planeten einer **Opposition** gleich. **Mars** und **Merkur** flankierten die **Sonne**, wobei sich die letzteren beiden zusätzlich in **Opposition** zu **Pluto** befanden.

Saturn stand in **Opposition** zum **Uranus**, möglicherweise betont durch die Nähe zu Aszendent und Deszendent, vielleicht aber auch zu Imum und Medium Coeli, in Abhängigkeit von der tatsächlichen Geburtszeit.

Neptun befand sich in **Opposition** zum **Jupiter**, wobei diese Konstellation eine Betonung durch die Nähe der **Mondknoten** und **Neptuns Konjunktion** mit dem **Mond** erfuhr.

Allen Verbindungen mit Sonne, Mond oder den Eckpunkten des Horoskopes kommt, wie wir schon mehrfach gesehen haben, eine besondere Bedeutung zu. Die oben aufgeführten drei hervorstechendsten Eigenschaften des Ignatius von Loyola kommen in seinem **Todeshoroskop** stark zum Ausdruck.

Seine überaus strengen Exerzitien und seine starke Fixierung auf das Irdische hatten nun aber eine spezielle Wirkung auf sein Leben nach dem Tode. Die Lebensrückschau, welche normalerweise nur wenige Tage lang nach dem Tode andauert, blieb bei ihm über einen viel längeren Zeitraum bestehen. Er befand sich gewissermaßen in einer ständig fortdauernden Rückschau. Rudolf Steiner erklärte hierzu:

„Sehen Sie, nachdem Ignatius von Loyola gelebt hat, ist er ja eigentlich immer in Erdennähe geblieben, denn man ist in Erdennähe, wenn man diese Rückschau hat. Wenn sich diese Rückschau nun ausdehnt, so kann sie sich ja doch nicht über viele Jahrhunderte ausdehnen, denn eigentlich ist

*sie, wenn sie sich schon über lange Zeiträume ausdehnt, etwas ganz Abnormes – aber es treten eben immer abnorme Dinge im Weltenzusammenhang ein. Und da erschien verhältnismäßig kurz nach seinem Erdenleben Ignatius von Loyola wieder in der Seele von **Emanuel Swedenborg.**"*

Bereits im Jahre **1688**, am **29. Januar** nach dem **julianischen Kalender**, nur 132 Jahre nach dem vorherigen Tode (!), erfolgte die **Wiedergeburt** in Stockholm. Das Datum entspricht dem **8. Februar 1688** nach dem **gregorianischen Kalender**, der damals in einer längeren Übergangsphase allmählich den julianischen Kalender ablöste.

Konnten so schnell wieder Planetenkonstellationen zustande kommen, die den drei hauptsächlichen Wesensarten des vorhergehenden Erdenlebens entsprachen? Welche Plätze nahmen die Planeten bei der **Geburt** des Wissenschaftlers und Mystikers **Emanuel Swedenborg** ein?

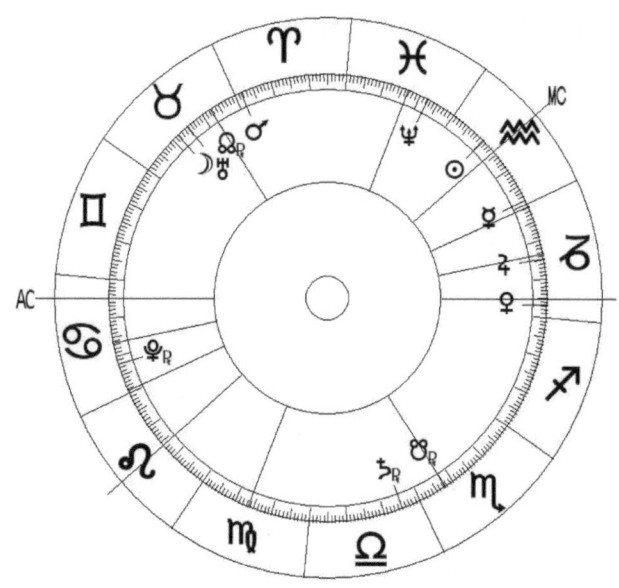

Emanuel Swedenborg – Geburt am 29.01.1688 julianisch (12 Uhr ?)

Im **Geburtshoroskop** Swedenborgs sehen wir **Mars** betont, diesmal durch seine Nähe zum **Mond**. **Saturn** steht wieder in **Opposition** zu **Uranus**. Beide Konstellationen werden aufgewertet durch die Einbindung der beiden **Mondknoten**. Zusätzlich zu dieser kraftvollen Opposition finden wir eine sich auf einen **gemeinsamen Quadranten** beschränkende Planetengruppe, deren wichtigste Mitglieder **Neptun**, **Sonne und Jupiter** sind. Dieser Gruppe steht wieder **Pluto** in **Opposition** gegenüber.

Weiterhin sind die Eigenschaften Kraft (Mars), Ausdauer (Saturn) und Religiosität-Spiritualität (Jupiter-Neptun) hervorgehoben. Letztere kam bei Swedenborg erst im Alter von etwa 40 Jahren zum Durchbruch, als er begann, eine auf seine Zeitgenossen sehr befremdlich wirkende, ganz andere Seite seines Wesens zu zeigen.

*„Und so tritt der glänzende, großartige, geniale Beschreiber des Geisterlandes – wenn auch in Bildern, die bedenklich sind – in **Emanuel Swedenborg** auf, indem sich das große spirituelle Wollen des **Ignatius von Loyola** in dieser Weise umgestaltet."*

Das sieht man selbst dem **Todeshoroskop Swedenborgs** noch an. Er **starb** am **29. März 1772** in London.

Wieder finden wir **Mars** hervorgehoben, nun jedoch derart, dass **Mars**, **Jupiter** und **Mond** gemeinsam eine **Opposition** bilden zu **Saturn** und **Neptun**. **Jupiter** ist noch näher an den **Mond** herangerückt als es schon bei der **Geburt** der Fall war. Das dürfte das Nachtodleben Swedenborgs ebenso geprägt haben wie die enge **Konjunktion** der **Sonne** mit **Merkur**, denn solchen Konjunktionen mit den „Lichtern" kommt, wie wir inzwischen wissen, immer eine besondere Bedeutung zu.

Venus und **Uranus**, die beim **Tode Ignatius von Loyolas** im selben Tierkreisbild beieinander standen, haben sich beim **Tode Emanuel Swedenborgs** noch mehr einander angenähert und zu einer engen, fast gradgenauen **Konjunktion** vereint, nahe dem absteigenden **Mondknoten**.

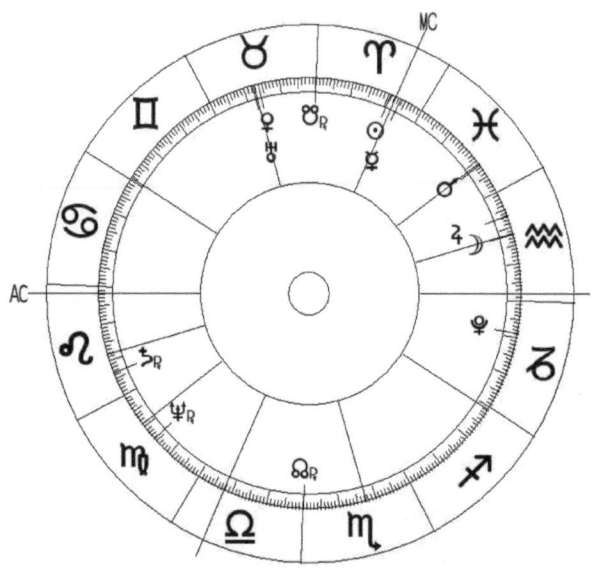

Emanuel Swedenborg – Tod am 29.03.1772 (12 Uhr ?)

Raffael – Novalis

Nachdem wir reinkarnatorische Zusammenhänge bei einer Reihe historischer Persönlichkeiten untersucht und dabei einige grundlegende astrologische Gesetzmäßigkeiten im Hinblick auf das vorgeburtliche Dasein sowie die anschließende Wiedergeburt herausgefunden haben, wollen wir uns nun an die Betrachtung einer wirklich einzigartigen Individualität heranwagen: die Individualität des italienischen Malers **Raffaello Santi**.

Das **Geburtsdatum Raffaels** ist umstritten. Der Grund hierfür ist eine Mitteilung von Giorgio *Vasari* aus dem Jahre 1550, also 67 Jahre nach Raffaels Geburt und 30 Jahre nach seinem Tod. Gar manche

Aussagen Vasaris in seiner Biografie berühmter Künstler[27] hielten der späteren wissenschaftlichen Überprüfung nicht stand und mussten korrigiert werden. Als Geburtszeit Raffaels gibt Vasari an: *„am **28. März** oder **6. April** des Jahres **1483**, am **Karfreitag** um **3 Uhr nachts**."* Der Karfreitag des Jahres 1483 fiel auf den 28. März, nicht auf den 6. April. Deshalb interpretierten die Raffael-Biographen die Aussage Vasaris dahingehend, dass Raffael am **Karfreitag, den 28. März 1483** geboren sei. Diese Meinung vertrat auch Rudolf Steiner:

> *„Wie schreiben die Leute heute noch Raffael-Biographien? Sie können es überall sehen, auch die besten sind heute so geschrieben, dass sie einfach angeben: Raffael wurde **geboren** an dem **Karfreitage** des Jahres **1483**. Raffael ist nicht umsonst an einem Karfreitage geboren! Ankündigend schon durch diese Geburt seine Sonderstellung im Christentum, zeigt sich bei ihm, dass er mit den christlichen Geheimnissen in der tiefsten und bedeutungsvollsten Weise zu tun hat. **An einem Karfreitag also war Raffael geboren.**"* [28]

Rudolf Steiner betont hier den christlichen Hintergrund für Raffaels Geburt an einem Karfreitag. Es gibt jedoch einen Brief von *Marcantonio Michiel* (1484 – 1552), einem Kunstsammler, der nur ein Jahr nach Raffael geboren wurde und deshalb wohl noch Zugriff auf authentische Informationen aus dem direkten Umfeld Raffaels hatte. Das Original des Briefes von *Marcantonio Michiel* an *Antonio Marsilio* ist nicht erhalten. Es wird jedoch häufig in der kunstgeschichtlichen Werken daraus zitiert. *Michiel* behauptet, Raffael sei am **6. April 1483 geboren**, also *nicht* an einem Karfreitag, aber er sei **an einem Karfreitag gleichen Datums, am 6. April 1520 gestorben**, und zwar nicht nur am gleichen Tag wie Christus, sondern sogar **zur gleichen Zeit wie Christi Tod am Kreuz: um 3 Uhr**. Das wäre dann um **3 Uhr nachmittags** gewesen und nicht, wie *Vasari* im obigen Zitat angibt *„um 3 Uhr nachts"*. Allerdings gibt *Vasari* diese Uhrzeit für die Geburt und nicht für den Tod an.

---

[27] Giorgio Vasari, „Le Vite de' piu eccellenti pittori, scultori e architettori" (1550, erweitert 1568)

[28] GA 155 „Christus und die menschliche Seele", Kopenhagen, Vortrag vom 23. Mai 1912

Raffael – Geburt am Karfreitag, 28. März 1483 (3 Uhr ?)

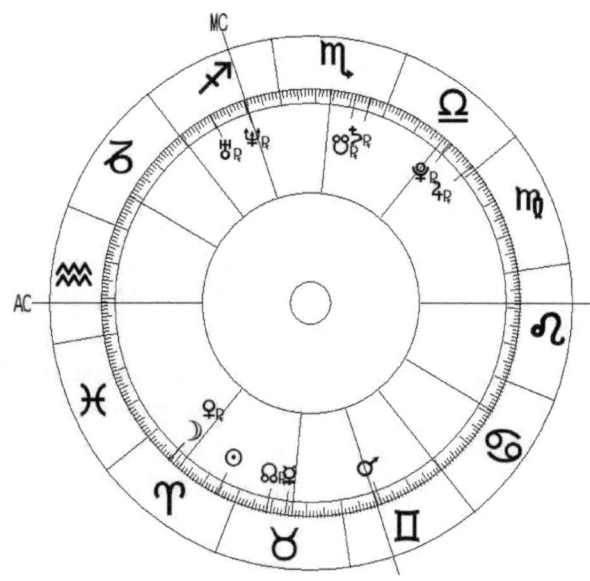

Raffael – Geburt am Sonntag nach Ostern, 6. April 1483 (3 Uhr ?)

Wir wollen die Angaben *Marcantonio Michiels,* des nur ein Jahr jüngeren Zeitgenossen Raffaels, nicht einfach ignorieren, sondern als Grundlage für ein **zweites, alternatives Geburtshoroskop Raffaels** zum **Sonntag nach Ostern, 6. April 1483** verwenden. Da wir nicht ausschließen können, dass *Vasari* für seine Angabe „3 Uhr nachts" als **Geburtszeit** Raffaels eine verlässliche Quelle hatte, wollen wir auch diese zumindest spekulativ akzeptieren.

Rudolf Steiners Betonung von Raffaels *„Sonderstellung im Christentum"* und *„dass er mit den christlichen Geheimnissen in der tiefsten und bedeutungsvollsten Weise zu tun hat",* würde auf Raffaels **Tod** am Karfreitag und dazu noch zur Todesstunde Christi ebenso zutreffen wie auf seine **Geburt** an einem Karfreitag.

Laut Rudolf Steiner war Raffael eine Reinkarnation der Individualität **Johannes des Täufers**, eines Verwandten des Jesus von Nazareth. Er konnte daher aus eigener innerer Anschauung heraus seine zahlreichen, so überaus beeindruckenden Bilder der Maria mit dem Jesuskind malen. In seinem Gemälde „Madonna Terranuova" hat er sie sogar mit zwei Jesusknaben dargestellt.[29]

Sollte die von *Vasari* angegebene Geburtszeit „3 Uhr nachts" stimmen, hätte in **beiden Geburtshoroskopen Raffaels** der **Uranus** gemeinsam mit **Neptun** in hervorragender Position am **Medium Coeli** gestanden. Im Falle der **Geburt am Karfreitag, den 28. März 1483** hätten beide Planeten eine zusätzliche Aufwertung durch ihre **Konjunktion** mit dem **Mond** erhalten und diese Aufwertung bliebe auch erhalten, wenn die Geburtsstunde nicht 3 Uhr morgens gewesen wäre. Wie wichtig solche Konjunktionen und Oppositionen mit den „Lichtern" sind, konnten wir bereits mehrfach feststellen. Somit stützt die astrologische Betrachtung der zwei möglichen Geburtsdaten Raffaels

---

[29] „Madonna Terranuova", von Raffael schon im Alter von 21/22 Jahren gemalt, um 1505. Das Gemälde ist Teil der ständigen Ausstellung in der Gemäldegalerie Berlin. – Zum Thema der „zwei Jesusknaben" siehe z. B. Rudolf Steiners Vorträge zum Lukas-Evangelium (GA 114) und zum Matthäus-Evangelium (GA 123).

Rudolf Steiners Aussage zur Geburt am Karfreitag des Jahres 1483. Und Raffael wäre dann sogar sowohl an einem Karfreitag geboren wie auch an einem Karfreitag gestorben.

Neptun repräsentiert im Horoskop die übersinnliche Wahrnehmung. Die **Uranus-Sphäre** ist die erste Sphäre außerhalb der Reihe der traditionellen sieben Planeten und entspricht der vierten Region der geistigen Welt. Diese hängt mit dem Ich, dem vierten Wesensglied des Menschen, zusammen.

Wie der Autor in seinem Buch *„Das alte und das neue Weltbild – Rudolf Steiners Kritik der Astrologie"* [30] dargelegt hat, ist die **Uranussphäre** die Heimat der Tierkreiskräfte unseres Sonnensystems. Jedes Sonnensystem hat seinen eigenen Tierkreis. Aus ihm ging bei der Bildung unseres Planetensystems als erste Sphäre die Saturnsphäre hervor. Ähnlich wie unsere Sonne die Mittlerin ist zwischen den inneren und äußeren Planeten, so ist der in der Region der Uranusbahn ansässige Tierkreis unseres Sonnensystems der Mittler zwischen den innersystemischen planetaren Kräften und den außersystemischen stellaren Kräften. Letztere sind Ausdruck des Weltenwortes oder des **Christus.** Wir kennen diesen Zusammenhang aus der neutestamentlichen Schilderung des Gleichnisses von der Speisung der Viertausend und der Fünftausend, den Menschen der vierten und der fünften nachatlantischen Kultur. Die zwei Fische symbolisieren die Kräfte des Tierkreisbildes Fische und die Brote repräsentieren als Himmelsbrote die Kräfte der übrigen Tierkreisbilder unseres Tierkreises.[31]

Aus dieser Region wirken die Kräfte des Ichs als die Hauptbildner der menschlichen Gestalt. Sie gliedern sie nach dem Prinzip der Zwölf und der Sieben, entsprechend den 12 Tierkreisbildern und den 7 Planetensphären. In der Umlaufzeit des Uranus kommt dies darin zum Ausdruck, dass er für einen vollständigen Umlauf auf seiner Bahn 12 x 7 = 84 Jahre

---

[30] Verlag BoD (Books on Demand GmbH), Norderstedt

[31] Siehe z. B. GA 123 „Das Matthäus-Evangelium", Bern, Vortrag vom 10. September 1910

benötigt. Seine durchschnittliche Aufenthaltsdauer in jedem einzelnen Tierkreisbild beträgt 7 Jahre. Dieser Gesetzmäßigkeit folgend verläuft auch das menschliche Erdenleben in Jahrsiebten. Wir sehen hieran, welche große Ordnungskraft dem Tierkreis innewohnt.

An der menschlichen Gestalt finden die Ich-Kräfte des Tierkreises ihren deutlichsten Ausdruck im menschlichen Antlitz. Und da sie mit dem Planeten **Uranus** verbunden sind, offenbaren sich diese Kräfte am deutlichsten im Zeichen seiner Herrschaft, dem **Wassermann**. Die hellsichtige Menschheit früherer Zeiten nahm daher beim Blick in die Himmelsrichtung des Wassermannes ein Menschenantlitz wahr, ähnlich wie es uns in vielen Kirchen als eines der Evangelistensymbole erhalten geblieben ist.

Der große Verkünder des Christus, des Weltenwortes und seiner Ich-bildenden Kraft, war **Johannes der Täufer**. Wenn wir davon ausgehen, dass sich gemäß Rudolf Steiners mehrfacher Äußerung in **Raffael** die Individualität **Johannes des Täufers** reinkarnierte, dann ist es nicht überraschend, dass gerade dem **Uranus** nicht nur in seinem **Geburts-horoskop**, sondern auch in seinem **Todeshoroskop** eine herausragende Stellung zukommt. In letzterem finden wir **Uranus** in **Konjunktion** mit der **Sonne**, statt mit dem Mond, und zusätzlich in **Konjunktion** mit dem **aufsteigenden Mondknoten**. Offenbar ist bei der Individualität **Johannes der Täufer - Raffael** der karmische „rote Faden" **Uranus**-geprägt.

Dann müsste er sich aber auch in den Horoskopen der Folge-Inkarnation Raffaels, bei dem Dichter **Novalis,** in betonter Position wiederfinden. Was Raffael in ergreifenden Bildern malte, hat er einige Jahrhunderte später als Novalis in ebenso ergreifenden Gedichten zum Ausdruck gebracht. Man denke nur an seine „Geistlichen Lieder" oder „Hymnen an die Nacht", in denen er übersinnliche Erlebnisse schildert.

Novalis wurde unter dem bürgerlichen Namen **Georg Philipp Friedrich von Hardenberg** am **2. Mai 1772** auf Schloss Oberwiederstedt geboren. Mangels einer überlieferten Geburtszeit wurde sein **Geburts-horoskop** für 12 Uhr mittags erstellt.

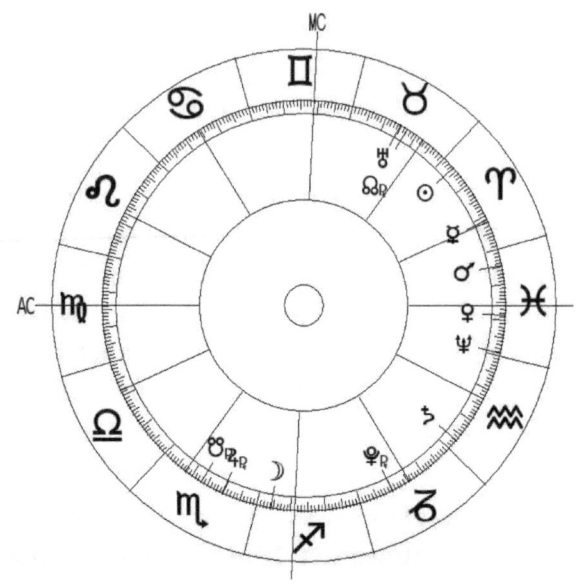

Raffael – Tod am 6. April 1520, Karfreitag um 15 Uhr

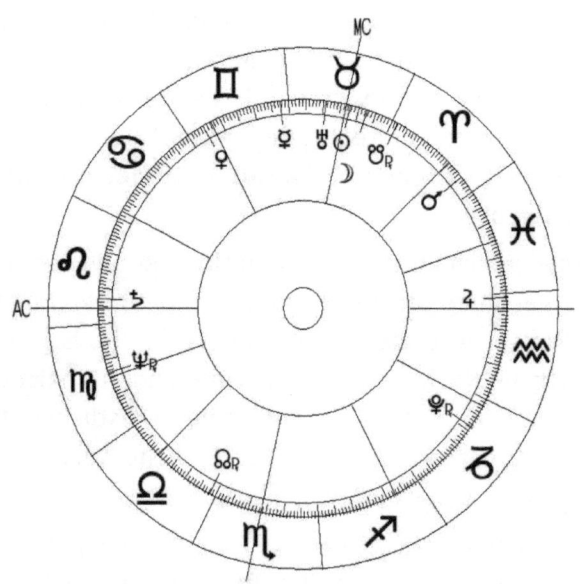

Novalis – Geburt am 22. Mai 1772 (12 Uhr ?)

Im **Geburtshoroskop** von **Novalis** zeigt sich als auffälligste Konstellation die **Konjunktion** von **Uranus** mit den beiden (!) Lichtern **Sonne** und **Mond**, und sogar wieder in der Nähe eines **Mondknotens**. Wäre die Geburt um die Mittagszeit erfolgt, hätte sich diese Planetengruppe zusätzlich am Medium Coeli befunden.

Mit dem **Uranus** hat es bei **Novalis' Geburt** eine ganz eigene Bewandtnis. Er stand damals in 19° Stier, das heißt nur 4° entfernt von seiner Position bei **Raffaels Tod**, als er sich in 15° Stier befand. So sagen es zumindest die Ephemeriden.

Tatsächlich aber war der Frühlingspunkt zur Zeit von **Raffaels Tod** schon um 1,5° in den Bereich der Fische zurückgewandert. Die Sonne ging damals bei Frühlingsbeginn nicht mehr in 0° Widder auf, wie es die Ephemeriden in starrer und unbeweglicher Weise unter völliger Außerachtlassung (!) der Präzessionsbewegung des Frühlingspunktes für alle Jahrhunderte vorgeben, sondern in 28,5° Fische. Diese Rückverschiebung betrifft alle Planetenpositionen, denn die Abstände der Planeten untereinander bleiben davon unberührt.

Wir müssen deshalb für **Raffaels Todesjahr 1520** von 15° Stier 1,5° abziehen und erhalten als wirkliche Position des **Uranus 13,5° Stier**. Zur Zeit von **Novalis' Geburt** im Jahre **1772** war der Frühlingspunkt schon um 5° in die Fische zurückgewandert. Deshalb müssen wir von 19° Stier, wie es in den Ephemeriden als Position für den **Uranus** angegeben ist, diese 5° abziehen und erhalten als Ergebnis **14° Stier**.[32] **Uranus** stand folglich **bei der Geburt von Novalis wieder an derselben Stelle** wie **beim Tode Raffaels**! Uranus hatte in der Zwischenzeit drei vollständige Umläufe durch den Tierkreis vollzogen. Das ergibt eine wirklich beeindruckende Bestätigung des **Uranus**geprägten karmischen „roten Fadens" bei der Individualität Raffael-Novalis.

---

[32] Siehe die Tabelle der Korrekturwerte in des Autors Büchern „Der Einfluss der Tierkreiskräfte auf die kulturelle Entwicklung der Menschheit" (Abb. 6, S. 39) und „Das alte und das neue Weltbild – Rudolf Steiners Kritik der Astrologie" (Abb. 4, S. 53), Verlag BoD (Books on Demand), Norderstedt

Die Planeten **Jupiter** und **Pluto** waren bei **Raffaels Geburt** in enger **Konjunktion** und hielten sich bei **Raffaels Tod** zumindest noch innerhalb eines gemeinsamen **Viertels** auf, ähnlich wie bei der **Geburt** von **Novalis**.

Wie sah die Situation 29 Jahre später, beim **Tode** von **Novalis** am **25. März 1801** in Weißenfels aus? Der Tod soll angeblich zu den „späten Abendstunden" eingetreten sein. Wir verwenden daher zur Erstellung des **Todeshoroskopes** spekulativ 23 Uhr. Auffällig ist tatsächlich die erneute Betonung des **Uranus**, diesmal in **Opposition** zur **Sonne** und wieder in **Konjunktion** mit einem **Mondknoten**. Der „karmische Faden" wirkt also fort. Falls Novalis gegen 23.45 Uhr starb, hätte sich Uranus sogar genau am Medium Coeli befunden.

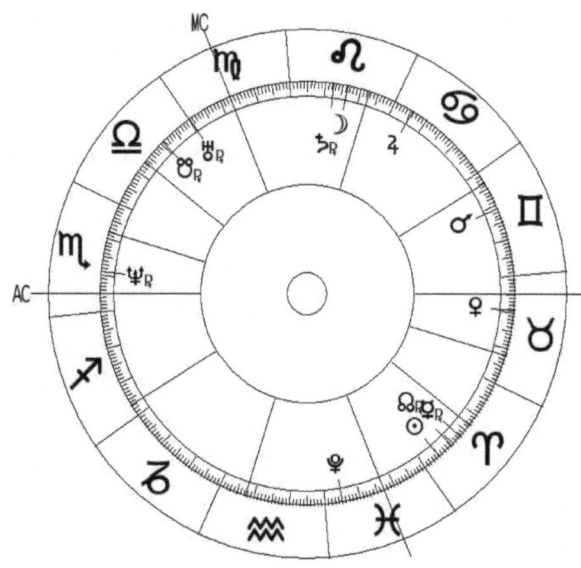

Novalis – Tod am 25. März 1801 (23 Uhr ?)

Francisco de Almeida – Walter Johannes Stein

Wir kommen nun zu Personen des 20. Jahrhunderts, die in der Anthroposophischen Gesellschaft eine tragende Rolle spielten.

Walter Johannes Stein unterstützte Rudolf Steiner intensiv bei seinen Bemühungen für eine „Dreigliederung des sozialen Organismus" in voneinander unabhängige Bereiche des Geisteslebens, Rechtslebens und Wirtschaftslebens. In den 1930er Jahren, somit erst Jahre nach Rudolf Steiners Tod, verließ er Deutschland, zog nach England, und wirkte dort auf dem Gebiet des Wirtschaftslebens gemeinsam mit *Daniel Nicol Dunlop* in der von diesem gegründeten *World Power Conference* (heute *World Energy Council)* mit dem Ziel der friedlichen Nutzung und Weiterentwicklung der weltweiten Energieressourcen. Wir sehen hier eine rege internationale, weltumgreifende Aktivität bei Walter Johannes Stein, die wie eine Fortsetzung seiner vorherigen Inkarnation als der portugiesische Seefahrer, Gouverneur und Vizekönig von Portugiesisch-Indien **Francisco de Almeida** erscheint, der am Überseehandel zwischen Europa und den Kolonien in Indien und Südostasien beteiligt war.

Walter Johannes Stein hatte im Jahre 1924 bei einer Reise nach Portugal eine Art Rückschauerlebnis. Dieses wurde ihm von Rudolf Steiner bestätigt. In einer seiner zahlreichen autobiographischen Notizen hat Stein dazu geschrieben:

„Einsicht in frühere Erdenleben erhält man durch Gnade. Als ich über ein solches Erlebnis zu Dr. Steiner sprach, sagte er: «Da haben Sie Ihren letzten Tod erlebt.»" [33]

Hier müssen wir die genaue Wortwahl Rudolf Steiners beachten. Gemeinhin wird das Erlebnis W. J. Steins als Rückschau in sein vorheriges Leben interpretiert. Eine solche direkte Rückschau ist jedoch heute nur sehr wenigen Menschen auf hoher spiritueller Entwicklungs-

---

[33] Johannes Tautz, „W. J. Stein – eine Biographie", S. 263

stufe möglich. Dagegen kommt es durchaus schon auf niedrigeren Einweihungsstufen vor, dass jemand sich an Erlebnisse aus seinem Dasein zwischen zwei Inkarnationen erinnert. Immerhin spiegeln sich unsere vorgeburtlichen Sphärenerlebnisse sogar in den Jahrsiebten unseres Erdenlebens wider, wie der Autor in seinem gleichnamigen Buch, basierend auf seinem eigenen Lebenslauf, anschaulich schildert.[34]

Ein ganz besonderes Erlebnis in den Sphären ist der andauernde Rückblick auf den vorangegangenen Tod. Während wir uns im Erdenleben nicht an unsere Geburt zurückerinnern können, steht im Leben zwischen zwei Inkarnationen die Erinnerung an unseren letzten Tod als lebendiges Bild immer vor uns. Den Sieg des Geistes über den Stoff oder des Lebens über den Tod so anschaulich erleben zu dürfen, ist nach Rudolf Steiners Aussagen einer der erhebendsten Eindrücke während unseres Daseins in den Sphären. Höchstwahrscheinlich hat sich W. J. Stein am 27. Juni 1924 genau daran erinnert, denn er schreibt dazu:

*„Man sollte meinen, es sei ein schreckhaftes Erlebnis, den eigenen Tod (ich meine den letzten diesem Leben vorangegangenen Tod) zu erfahren. Das ist aber nicht der Fall. Das ist eine beseligende Erfahrung. Ich erlebte die Ermordung eines alten Mannes. Er war der Kapitän eines Schiffes und fand seinen Tod, als er, die Treppe vom Innern des Schiffes hinansteigend, aufs Schiffsdeck trat. Da zwischen Tauen und Masten traf ihn der Speer seines Feindes. Es war ein eigentümlich geformter zeremonieller Speer, dessen Schneide wellartig gebildet war. Dieser Speer traf ihn oberhalb der Oberkieferzähne und tötete ihn sogleich. Ich erlebte dies in allen Einzelheiten. Die Landschaft – es war eben **Sonnenuntergang** –, die Uniform des alten Mannes mit den ornamentalen Metallknöpfen, die schweren Schritte des schon alten Mannes beim Hochsteigen der Treppe.*

Mein Interesse war mehr der wunderbaren Leichtigkeit des Herausströmens aus dem Leibe zugewendet denn demjenigen, der den Speer geworfen hatte. Doch strömte meine Liebe und Dankbarkeit stark zu ihm.

---

[34] Roland Schrapp, „Spiegelungen des vorgeburtlichen Daseins des Menschen in den Jahrsiebten des Erdenlebens", Verlag BoD (Books on Demand), Norderstedt

Man würde dies ja nicht erwarten, dass man dem Dank weiß, der einen tötete. Und doch ist es so." [35]

Diese Schilderung W. J. Steins entspricht im Detail der Art wie **Francisco de Almeida** bei seiner Rückkehr von Indien nach Portugal am **1. März 1510** in der südafrikanischen Saldanha Bay auf dem Deck seines Schiffes durch einen Wurfspieß zu **Tode** kam. Die Uhrzeit ist uns historisch nicht überliefert. Aber wir haben die obige Angabe W. J. Steins zum Todeszeitpunkt: *„es war eben **Sonnenuntergang**"*. Dieser erfolgt an der Saldanha Bay am 1. März gegen **18.20 Uhr**. Während wir von Almeidas Geburt nur das Jahr und den Ort kennen, 1450 in Lissabon, ohne genaues Datum, verfügen wir bezüglich seines Todes über sehr genaue Informationen. Darauf basierend können wir ein glaubwürdiges Todeshoroskop erstellen.

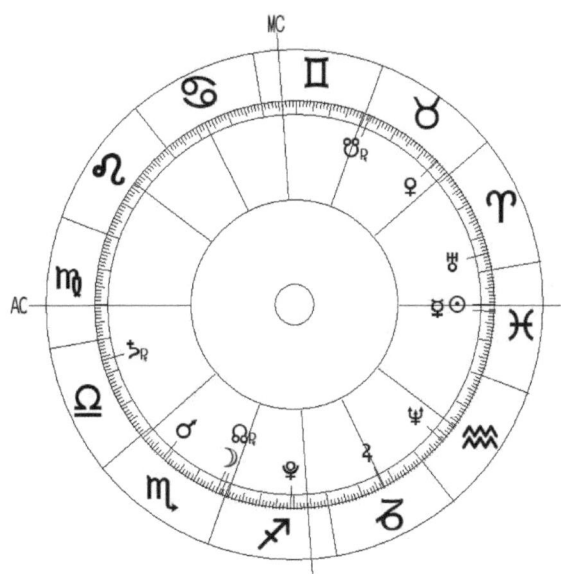

Francisco de Almeida
Tod am 01.03.1510 gegen 18.20 Uhr

---

[35] Johannes Tautz, „W. J. Stein – eine Biographie", S. 263

Am **6. Februar 1891** wurde die Individualität Francisco de Almeidas unter dem Namen **Walter Johannes Stein** in Wien wiedergeboren. Die Geburtszeit ist unbekannt. Sein Geburtshoroskop wurde daher für 12 Uhr erstellt.

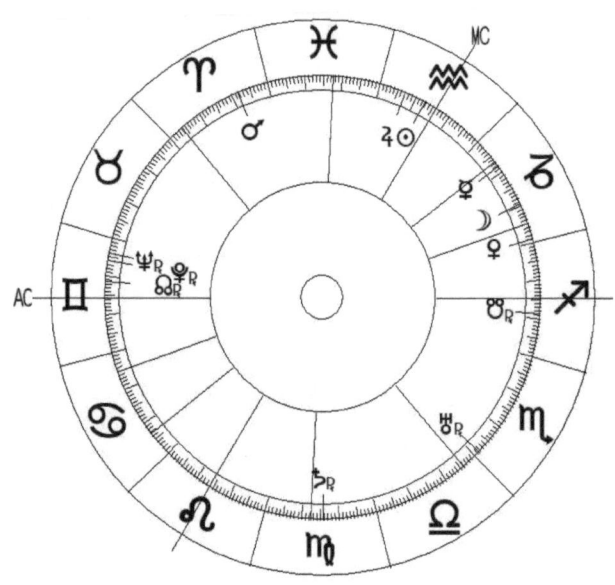

Walter Johannes Stein
Geburt am 06.02.1891 (12 Uhr ?)

Auf den ersten Blick fällt es schwer, irgendeinen Zusammenhang zwischen dem **Todeshoroskop Francisco de Almeidas** und dem **Geburtshoroskop Walter Johannes Steins** zu entdecken. Die Situation an den Lichtern Sonne und Mond ist bei Almeida völlig anders als bei Stein. Die Hervorhebung von Planeten durch Position an einem der Eckpunkte des Horoskopes können wir nur im **Todeshoroskop** von **Francisco de Almeida** beurteilen, denn bei ihm ist der „**Sonnen-untergang**" als Todeszeitpunkt bekannt. Am 01.03.1510 sanken **Sonne** und **Merkur** gemeinsam unter den Horizont. Ihnen folgte **Uranus**, während **Saturn** im Osten sich seinem Aufgang näherte. Dadurch erhalten diese beiden Planeten eine Aufwertung.

Basierend auf Erfahrungen aus den vorangegangenen Horoskopvergleichen können wir sagen: Der sowohl durch seine Nähe zu **Sonne** und **Merkur** wie auch zum **Deszendenten** betonte **Uranus** war im **Todeshoroskop Almeidas** gemeinsam mit **Venus** in **Opposition** zu **Saturn** und **Mars**, wobei die **Opposition Uranus-Saturn** fast gradgenau war. **Uranus** scheint also hier der karmische „rote Faden" zu sein, und seine Aspekte zu **Saturn**, **Mars** und **Venus** erscheinen ebenfalls von Bedeutung.

Im **Geburtshoroskop von W. J. Stein** finden wir dann auch tatsächlich **Mars** in **Opposition** zu den Planeten **Uranus** und **Saturn**. **Mars** steht in 8° Widder. Sein Oppositionspunkt 8° Waage liegt genau in der Mitte zwischen **Saturn** und **Uranus**. Wir sehen an diesem Beispiel erneut, dass die Orbis-Regeln traditioneller Astrologie-Schulen für Aspekte, welche Abstände von wenigen Grad verlangen, hier überhaupt nicht zum Tragen kommen. Vermutlich liegen sie bei der Deutung von Horoskopen generell jenseits der Realität. Das würde auch aus dieser Sicht erklären, warum Rudolf Steiner über die heutige Astrologie urteilt, *„dass fast alles, was in dieser Richtung jetzt getrieben wird, der reinste Dilettantismus ist – ein wahrer Aberglaube –, und dass für die äußere Welt die wahre Wissenschaft von diesen Dingen zum großen Teile ganz verloren gegangen ist!"* [36]

Wenn Ähnlichkeiten zwischen einem **Todeshoroskop** und dem nachfolgenden **Geburtshoroskop** nicht so leicht festzustellen sind, wie im vorliegenden Fall, dann lohnt es sich immer, das **nächstfolgende Todeshoroskop** in die Betrachtung mit einzubeziehen.

---

[36] GA 15 „Die geistige Führung des Menschen und der Menschheit", Kopenhagen, dritter Vortrag (8. Juni 1911). Die stenographische Nachschrift dieser Vorträge wurde von Rudolf Steiner selbst für die Veröffentlichung überarbeitet. – Siehe auch von Roland Schrapp „Das alte und das neue Weltbild – Rudolf Steiners Kritik der Astrologie", Verlag BoD (Books on Demand), Norderstedt.

Walter Johannes Stein starb am **7. Juli 1957**, um **1.20 Uhr oder 1.25 Uhr** in London. Die Uhrzeit seines Todes wurde von der Nachtschwester mitgeteilt.[37] Wir finden in **Steins Todeshoroskop** nicht nur wieder die enge **Sonne-Merkur-Konjunktion**, die wir schon aus **Almeidas Todeshoroskop** kennen, sondern darüber hinaus erneut den **Uranus** in beider Nähe. Dieser zeigt sich nun zusätzlich in einer überaus auffälligen **Konjunktion** mit **Mars** und **Venus**. Erinnern wir uns daran, dass **Uranus** und **Venus** bei **Almeidas Tod** eine gemeinsamen Oppositionsgruppe mit **Mars** und **Saturn** bildeten, wobei **Venus** und **Mars** in direkter **Opposition** standen.

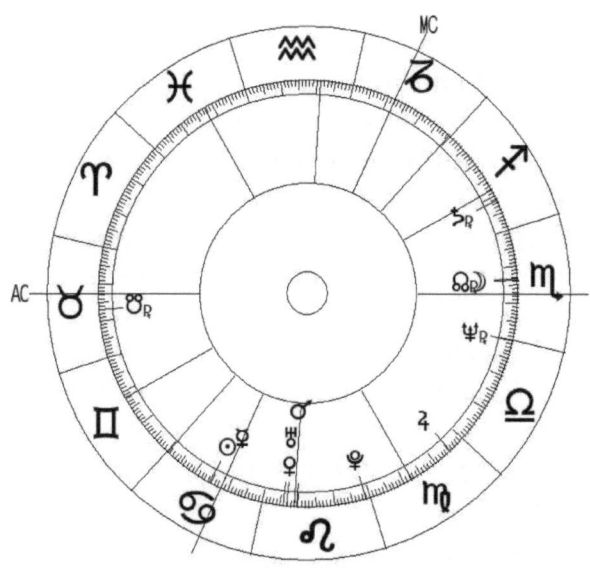

Walter Johannes Stein – Tod am 07.07.1957 um 1.20 Uhr

Insgesamt ergibt sich daraus eine weitaus größere Ähnlichkeit zwischen den drei Horoskopen als dies anfangs zu erkennen gewesen war. Man muss die Aspekte der Planeten eben in der richtigen Weise

---

37 Johannes Tautz, „W. J. Stein – eine Biographie", S. 256

betrachten und darf sich nicht von überkommenen traditionellen Regeln irreführen lassen.

Abschließend sei noch auf einen anderes wichtiges Thema aufmerksam gemacht. Die oben beschriebene „Rückschau" W. J. Steins am 7. Juni 1924 erfolgte als er 33 Jahre alt war. Er befand sich damals im 6. Jahr seines fünften Jahrsiebts. Jedoch ist bekannt, dass er sich bereits mit der Frage nach einer noch weiter zurückliegenden Inkarnation im 9. Jahrhundert beschäftigte, was ihn zu einer intensiven Auseinandersetzung mit diesem Jahrhundert bewegte. Sie führte letztlich zur Herausgabe seines Buches *„Weltgeschichte im Lichte des heiligen Gral – Das neunte Jahrhundert"*. In der Seele W. J. Steins lebte somit sehr intensiv die Frage nach seinen vorherigen Erdenleben.

Auf derartige Fragen bekommen wir am ehesten Antwort im 8. Jahrsiebt des Erdenlebens, weil sich dann unsere vorgeburtlichen Erlebnisse aus der Geistselbstsphäre widerspiegeln, wo wir über einen vollen Überblick über unsere Inkarnationsreihe verfügen. Das Geistselbst ist unser fünftes Wesensglied, und da jedes Jahr eines Jahrsiebts zu einem unserer Wesensglieder in Beziehung steht, hat das 5. Jahr eines jeden Jahrsiebtes immer einen Bezug zum Geistselbst. In solchen Jahren erhalten wir am ehesten Informationen sowohl von außen und wie auch von innen über unsere früheren Inkarnationen. Der Autor hat diesen Sachverhalt in seinem Buch *„Spiegelungen des vorgeburtlichen Daseins des Menschen in den Jahrsiebten des Erdenlebens"* am Beispiel seines eigenen Lebenslaufes dargestellt.

Wenn W. J. Stein seine oben beschriebene „Rückschau" im 6. Jahr des 5. Jahrsiebts, im Alter von 33 Jahren hatte, so wurde dies sicherlich schon im vorangegangenen 5. Jahr in seinen Seelentiefen veranlagt. Es kam nur verzögert im darauffolgenden Jahr zum Ausdruck. Und es war genau *ein* Jahrsiebt später (!) als er seine schon länger geplante Reise nach Portugal unternahm, um dort seiner vorherigen Inkarnation als Francisco de Almeida nachzuspüren.

Kaiser Friedrich II. – Guenther Wachsmuth

Ein weiterer enger Mitarbeiter Rudolf Steiners, der auf seinen Vorschlag hin bei der Weihnachtstagung 1923 trotz seines damals noch jungen Alters von 30 Jahren in den ersten Vorstand der neu gegründeten Allgemeinen anthroposophischen Gesellschaft berufen wurde, war **Guenther Wachsmuth**. Bereits davor war er schon lange ständiger Reisebegleiter Rudolf Steiners und als dessen Sekretär tätig gewesen. Nach Rudolf Steiners Tod war er einer der vier Sargträger[38]. In den darauffolgenden Jahren engagierte er sich stark für die Fertigstellung des zweiten Goetheanums.

Wie viele Anthroposophen im engeren Umfeld Rudolf Steiners forschte auch Guenther Wachsmuth über Jahre hinweg nach seiner vorherigen Inkarnation. Rudolf Steiner soll ihm auf eine diesbezügliche Frage den Hinweis gegeben haben: *„Süditalien, dreizehntes Jahrhundert – ein Ritter."*[39] Schließlich drang Guenther Wachsmuth zu der Erkenntnis vor, im 13. Jahrhundert als **Friedrich II. von Hohenstaufen** gelebt zu haben, als König von Sizilien und Süditalien sowie späterer Kaiser des Heiligen Römischen Reiches. Dies bewirkte in ihm den verständlichen Wunsch, Süditalien zu bereisen, die ursprüngliche Heimat Friedrichs II. Während eines Kuraufenthaltes im Schweizerischen Ascona im Jahre 1961 arbeitete er einen detaillierten Reiseplan für das Folgejahr aus. Guenther Wachsmuth war damals 67 Jahre alt, somit im 5. Jahr seines neunten Jahrsiebtes.

Auf den Zusammenhang eines solchen 5. Jahres mit dem Geistselbst, dem fünften Wesensglied des Menschen, und der Geistselbst-Sphäre, in der wir zwischen zwei Inkarnationen den Überblick über unsere Inkar-

---

[38] Die anderen drei Träger des Sarges Rudolf Steiners waren Ehrenfried Pfeiffer, Georg Groot und Edmund Pracht.

[39] Heinz Herbert Schöffler, „Guenther Wachsmuth – Ein Lebensbild", S. 205, Verlag am Goetheanum

nationen erhalten, wurde bereits am Ende des vorigen Kapitels hingewiesen. Letztlich konnte Guenther Wachsmuth seine äußerst detailliert geplante Reise aufgrund zunehmender Erkrankung leider nicht mehr in die Tat umsetzen.

Er war vielseitig talentiert, verfügte nicht nur über eine außerordentliche Organisationsgabe, sondern schrieb auch Dramen. Sein letztes Drama mit dem Titel „Erzengel im Konsil" hat das von Rudolf Steiner in den Karma-Vorträgen beschriebene überirdische Konsil der Platoniker mit den Aristotelikern an der Wende vom 12. zum 13. Jahrhundert zum Thema. Teil dieses Dramas sind auch Szenen aus dem Leben des zu jener Zeit auf der Erde lebenden **Friedrichs II.**, und im Nachspiel des Dramas blickt dieser, auf dem Sterbebett liegend, auf sein eigenes Leben zurück. Wir sehen daran, wie gefestigt die Überzeugung Guenther Wachsmuths hinsichtlich seiner vorherigen Inkarnation war.

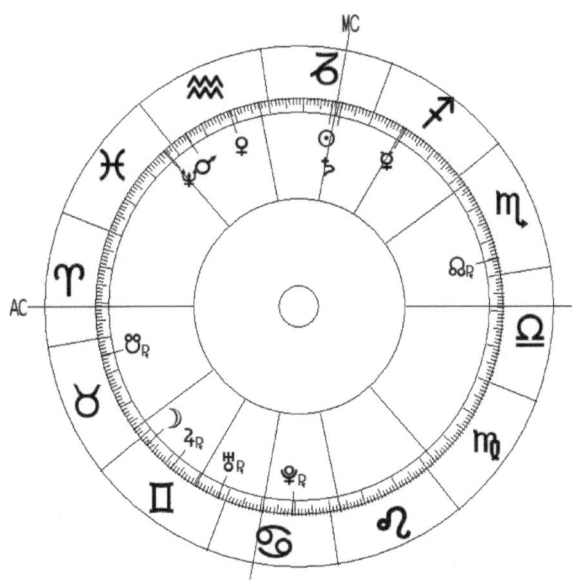

Friedrich II. – Geburt am 26.12.1194 (12 Uhr ?)

Friedrich II. wurde am **26. Dezember 1194** im süditalienischen Jesi (bei Ancona) **geboren**. Mangels überlieferter Uhrzeit wurde sein obiges **Geburtshoroskop** für 12 Uhr erstellt. Wir richten den Blick wieder vor allem auf Konjunktionen und Oppositionen sowie Sonne und Mond. Hierbei fällt sogleich die enge **Konjunktion** der **Sonne** mit **Saturn** auf. Sie ist wohl Ausdruck eines längeren vorgeburtlichen Aufenthalt in der Saturnsphäre. **Sonne** und **Saturn** sind zusätzlich betont durch die **Opposition** zu den nahe beieinander stehenden Planeten **Uranus** und **Pluto**. Des Weiteren fallen die **Konjunktionen Mars-Neptun** und **Mond-Jupiter** ins Auge, wobei **Jupiter** zwischen dem **Mond** und dem **Uranus** steht.

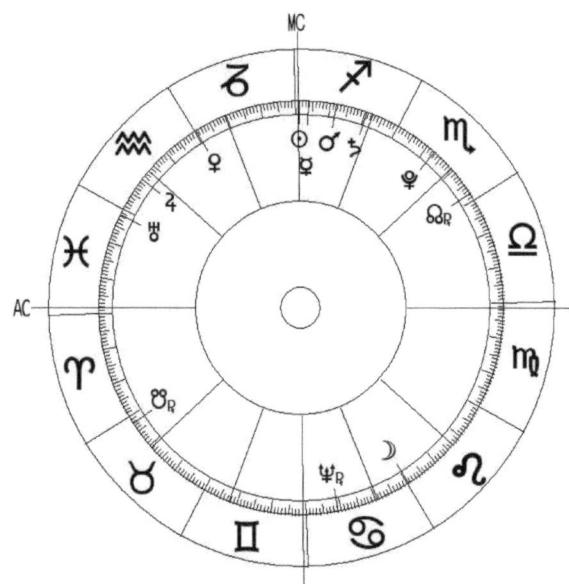

Friedrich II. – Tod am 13.12.1250 (12 Uhr ?)

Beim **Tode Friedrich II.** am **13. Dezember 1250** im Castel Fioren-tino bei Lucera (Süditalien, damals Königreich Sizilien) war **Saturn** wiederum in der Nähe der **Sonne**, gewissermaßen die Saturn-Sonne-

Konjunktion des Geburtshoroskops wiederholend. **Pluto**, der vorher in Opposition zur Sonne stand, näherte sich ihr nun ebenfalls an. Aus der **Mars-Neptun-Konjunktion** wurde eine **Opposition**.

Die **Mond-Jupiter-Konjunktion** bei **Friedrichs Geburt** wandelte sich in eine **Mond-Neptun-Konjunktion** beim **Tode**. Einen solchen Austausch von Jupiter und Neptun kann man öfters beobachten. Das ist wohl aufgrund ihrer Wesensverwandtschaft möglich. Beide regieren schließlich in denselben Tierkreisbildern. **Jupiter** blieb mit der **Mond-Neptun-Konjunktion** aber verbunden, in dem er sich ihr in **Opposition** gegenüberstellte. Auf diese Weise konnte er gleichzeitig seine **Konjunktion** mit **Uranus**, die er bei **Geburt** ebenfalls innehatte, auch beim **Tode** wieder einnehmen. **Mars** und **Merkur** sind nun enger an die **Sonne** herangerückt und haben sich der **Sonne-Saturn-Konjunktion** zugesellt.

Als **Guenther Wachsmuth** am **4. Oktober 1893 geboren** wurde, kam es erneut zu jener auffälligen **Sonne-Saturn-Mars-Merkur-Konjunktion**, die wir schon vom **Tode Friedrich II.** kennen.

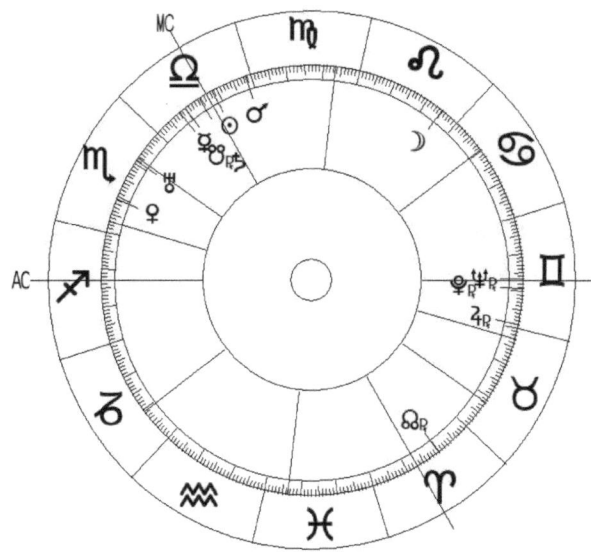

Guenther Wachsmuth – Geburt am 04.10.1893 (12 Uhr ?)

Nun hatte sich auch noch ein **Mondknoten** dieser großen Konjunktionsgruppe angeschlossen. **Sonne** und **Saturn** waren nicht erst beim Tode **Friedrichs II.** eng mit einander verbunden gewesen, sondern bereits bei seiner **Geburt**, damals sogar in **ganz enger Konjunktion!** Somit scheint hier **Saturn** der karmische „rote Faden" zu sein.

Des Weiteren fällt auf, dass bei **Guenther Wachsmuths Geburt** nun zusätzlich **Uranus** näher an die große **Sonne-Saturn-Mars-Merkur-Konjunktion** herangerückt ist. Er sucht offenbar ebenfalls den Anschluss an die **Sonne**.

Beim **Tode Guenter Wachsmuths, am 2. März 1963,** gegen **21 Uhr,** befand sich **Uranus** gemeinsam mit **Pluto** in **Oppositionsstellung** zur **Sonne** und zum **Jupiter**, wobei **Saturn** weiterhin nahe bei der **Sonne** stand. Diese Planetenkonstellation ist jener zum Zeitpunkt der **Geburt Friedrichs II.** sehr ähnlich, denn damals waren **Uranus** und **Pluto** gemeinsam mit **Jupiter** in **Opposition** zur **Sonne** und zum **Saturn**.

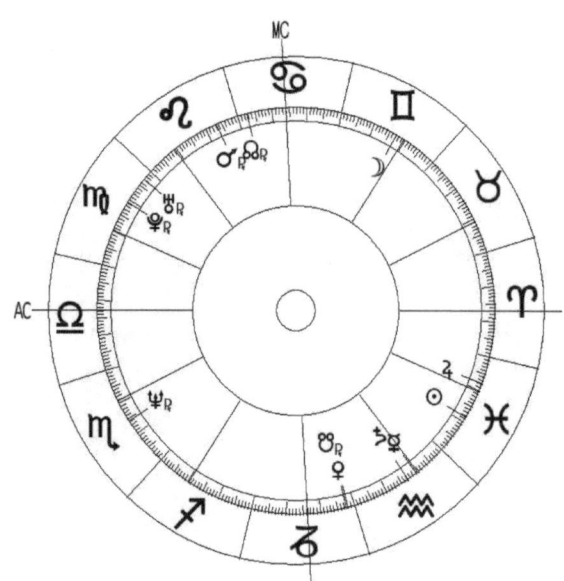

Guenther Wachsmuth – Tod am 02.03.1963, ca. 21 Uhr

Offensichtlich gibt es nicht nur Beziehungen zwischen einem Todes-horoskop und dem unmittelbar folgenden Geburtshoroskop, sondern sogar auffallend ähnliche Planetenstände, ja fast eine Wiederholung von Konstellationen des **Geburtshoroskops der vorherigen Inkarnation** im **Todeshoroskop der nachfolgenden Inkarnation**! Darin offenbart sich die weitreichende Verwandtschaft dieser Horoskope.

Im vorliegenden Fall wird diese Erkenntnis sogar noch durch eine weitere Planetengruppe bestätigt: Das **Geburtshoroskop Friedrichs II.** zeigt die Gruppe **Venus-Sonne-Saturn-Merkur**. Diese findet sich im **Todeshoroskop Guenther Wachsmuths** nur leicht verändert als **Venus-Saturn-Merkur-Sonne** wieder.

Der bei der **Geburt Friedrichs II.** in der Nähe dieser Konstellation sich aufhaltende **Neptun** wurde beim **Tode Guenther Wachsmuths** durch den wesensverwandten **Jupiter** ersetzt, welcher sich der Sonne beigesellt hat. Und der Planet **Mars**, welcher bei **Friedrichs Geburt** im selben Quadranten wie die oben genannte Planetengruppe stand, hält seinen Kontakt mit derselben beim **Tode Guenther Wachsmuths** aufrecht, indem er sich ihr in **Opposition** gegenüberstellt. Immer wieder begegnen wir solchen Verbindungen entweder durch Konjunk-tion oder durch Opposition.

Darüber hinaus lässt sich beobachten, dass **Jupiter** manchmal den Platz des ihm wesensverwandten **Neptuns** einnimmt. Beide sind Herrscher in den Tierkreisbildern Fische und Schütze.

Auch **Mars** und **Pluto** sind wesensverwandt. Sie herrschen gemein-sam in den Tierkreisbildern Widder und Skorpion. Entsprechend nimmt auch **Pluto** manchmal den Platz des **Mars** ein, wenn eine neue Inkarnation erfolgen soll. Bei der **Geburt Friedrichs II.** gab es zum Beispiel eine **Konjunktion Mars-Neptun**. Sie wurde bei seinem **Tode** zur **Opposition Mars-Neptun** verändert und bei der **Geburt Guenther Wachsmuths** schließlich zur **Konjunktion Pluto-Neptun** variiert.

Derartige Umgestaltungen müssen möglich sein, denn aufgrund der großen Beweglichkeit innerhalb der Planetenwelt ist es gar nicht so einfach, dass die für die nächste Geburt erforderlichen Planetenverbindungen zustande kommen können.

Giotto di Bondone – Albert Steffen

Zur Geburt des italienischen Malers **Giotto di Bondone** haben wir keine genauen Angaben. Nicht einmal über das genaue Jahr herrscht Einigkeit. Er wurde wohl zwischen 1265 und 1276 in Vespignano (Vicchio) geboren. Schon in jungen Jahren nahm ihn der damals bereits bedeutenden Maler *Cimabue* als Schüler auf. **Giotto starb** am **8. Januar 1337** in Florenz. Damit lässt sich wenigstens sein **Todeshoroskop** erstellen.

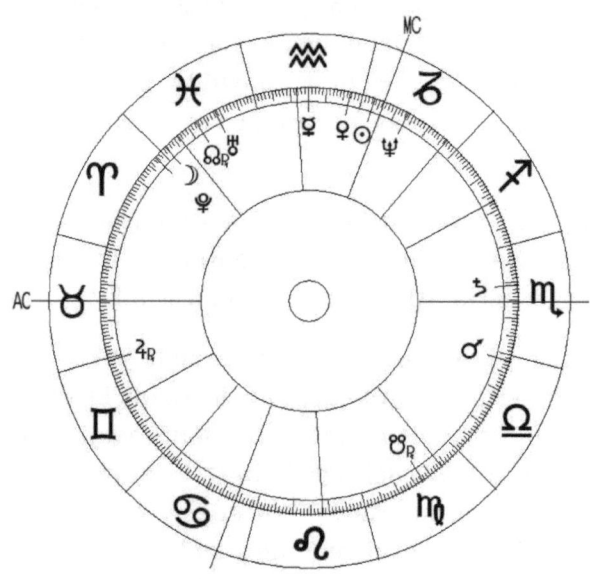

Giotto – Tod am 08.01.1337 (12 Uhr ?)

An auffälligen Konstellationen mit den Lichtern finden sich die **Konjunktion Neptuns** mit **Sonne** und **Venus** sowie die **Uranus-Pluto Konjunktion** mit dem **Mond** und dem **aufsteigenden Mondknoten**. **Jupiter** stand in **Opposition** zu **Saturn** und **Mars**.

Über die nächste Inkarnation **Giottos** wissen wir Bescheid aufgrund einer eindeutigen Aussage Rudolf Steiners in einem Brief, den er am 27. Februar 1927 vom Goetheanum aus an seine damals in Berlin weilende Ehefrau Marie Steiner schrieb:

*„Verstehen muss man **Steffen**, indem man zurückblickt auf ihn als **Giotto**. Die ganze Wendung vom Cimabue zum G. ist doch die vom lichten Spiritualismus, von der Geistigkeit in Farbe, Auffassung und Form zum Naturalismus; und nur in Raphael und den Großen bleibt noch etwas von dem, was untergegangen ist und nur in Cimabue etwas aufbewahrt ist. Das alles drückt sich in der Psyche von Steffen aus. Er arbeitet mit den Kräften, die aus der damaligen Wendung ihm aufstoßen, geht auf die Wirklichkeit los, wie das im zwanzigsten Jahrhundert fast allein möglich ist. G. hatte die Schönheit vor sich, aus der er herausgewachsen ist. Das idealisiert seinen Naturalismus. Steffen hatte überall Unkunst um sich; das materialisiert den Spiritualismus, der in ihm von Anfang an schlummerte. Und dass Steffen bei uns ist: auch darin sehe ich ein bedeutsames Karma.“* [40]

Der Dichter und Schriftsteller **Albert Steffen** wurde auf Vorschlag Rudolf Steiners bei der Weihnachtstagung 1923 in den ersten Vorstand der neu begründeten Allgemeinen Anthroposophischen Gesellschaft berufen und zwar zum Stellvertretenden Vorsitzenden der Gesellschaft wie auch zum Leiter der Sektion für Schöne Wissenschaften am Goetheanum.

Die **Geburt Albert Steffens** erfolgte am 10. Dezember 1884 in Obermurgenthal bei Wynau im Kanton Bern (Schweiz). In seinem **Geburtshoroskop** sehen wir **Uranus** erneut in **Konjunktion** mit dem

---

[40] GA 262 „Rudolf Steiner – Marie Steiner-von Sivers / Briefwechsel und Dokumente 1901 – 1925", S. 450 f.

Mond, diesmal sogar fast gradgenau, und zusätzlich, wie schon bei **Giottos Tod**, gemeinsam mit dem **aufsteigenden Mondknoten**. Diese drei haben sich wieder zusammengefunden.

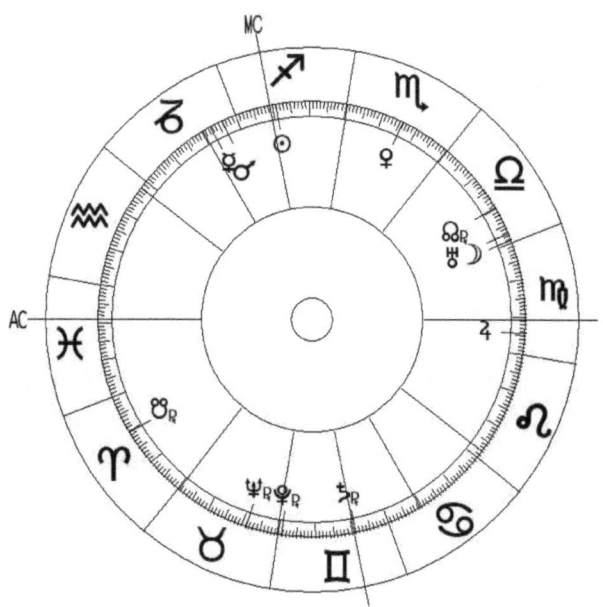

Albert Steffen – Geburt am 10.12.1884 (12 Uhr ?)

Pluto hat sich nun **Neptun** angeschlossen, der seine ehemalige konjunktionale Nähe zur **Sonne** jetzt durch eine **Opposition** zum Ausdruck bringt. **Pluto** hat seine frühere Verbindung mit dem Nachtlicht „Mond" durch eine Verbindung mit dem Tageslicht „**Sonne**" ersetzt. Er bleibt folglich weiterhin aufgewertet durch eines der beiden Lichter. Auch **Mars** und **Saturn**, die bei **Giottos Tod** in **Konjunktion** standen, sind bei **Albert Steffens Geburt** nun durch **Opposition** miteinander verbunden.

Wie schon so oft, sehen wir Konjunktionen und Oppositionen der Planeten in aufeinanderfolgenden Inkarnationen sich abwechseln.

Jupiter war bei **Giottos Tod** etwa 60° vom **Mond** entfernt. Er hat sich diesem nun auf weniger als 30° genähert.

Als **Albert Steffen** am **13. Juli 1963** im Alter von 79 Jahren in Dornach **starb**, war **Jupiter** mit dem **Mond** gänzlich in **Konjunktion** vereint.

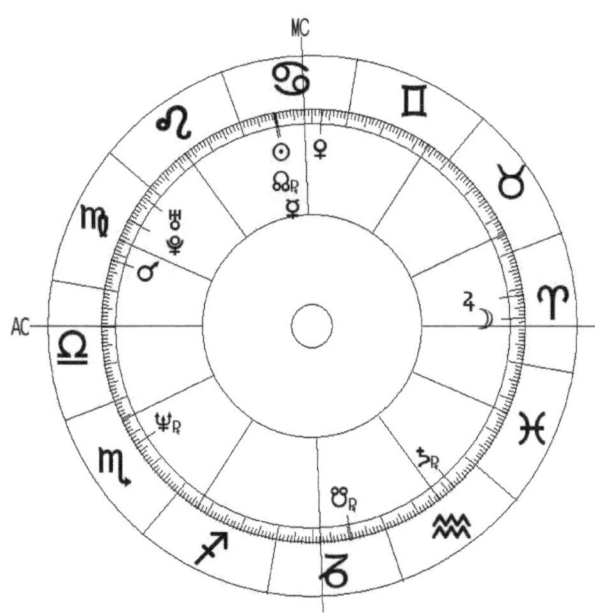

Albert Steffen – Tod am 13.07.1963 (12 Uhr ?)

Die schon von **Giottos Tod** her bekannte **Uranus-Pluto-Konjunktion** war wieder eingetreten, diesmal begleitet von **Mars**. Die gesamte Gruppe befand sich in **Opposition** zum **Saturn**.

Der karmische „rote Faden" scheint bei der Individualität Giotto-Steffen **Uranus-** und/oder **Pluto**-betont zu sein. Dies gab beiden **Todeshoroskopen** ihre Prägung. In **Albert Steffens Geburtshoroskop** sind die beiden Planeten zwar getrennt voneinander, jedoch ebenfalls aufgewertet durch ihre Verbindung zur **Sonne** beziehungsweise zum **Mond**.

Die astrologische Betrachtung der drei Horoskope stützt somit eindrücklich die oben zitierte Aussage Rudolf Steiners zu Albert Steffens vorheriger Inkarnation als Giotto di Bondone.

Reginald von Piperno – Ita Wegman

Eine der engsten Weggefährtinnen Rudolf Steiners war die Ärztin **Ita Wegman**. Bei der Weihnachtstagung 1923 wurde sie zu einem der Vorstandmitglieder der neuen Gesellschaft ernannt und mit der Leitung der Medizinischen Sektion am Goetheanum beauftragt. Darüber hinaus erwählte Rudolf Steiner sie als Mit-Leiterin der ersten Klasse der freien Hochschule für Geisteswissenschaft.

Ita Wegman war eine der engsten esoterischen Schülerinnen Rudolf Steiners. Wie wir aus Dokumenten ihres Nachlasses wissen, hat er sie über Jahre hinweg immer wieder sowohl zur Erforschung ihrer eigenen karmischen Vorgeschichte wie auch ihrer gemeinsamen früheren Inkarnationen angeregt.

Margarete Kirchner-Bockholt, ebenfalls Ärztin und ehemalige enge Mitarbeiterin Ita Wegmans, hat gemeinsam mit ihrem Ehemann *Erich* in einem Privatdruck für Mitglieder der Allgemeinen Anthroposophischen Gesellschaft über eine Reihe gemeinsamer Erdenleben Rudolf Steiners mit Ita Wegman berichtet.[41] Sie soll in ihrer unmittelbar vorhergehenden Inkarnation im 13. Jahrhundert als der Dominikaner **Reginald von Piperno** in Italien gelebt haben. Dieser war ab dem Jahr 1260 vierzehn Jahre lang der persönliche Sekretär, ständige Begleiter und Zellen-

---

[41] Margarete und Erich Kirchner-Bockholt „Die Menschheitsaufgabe Rudolf Steiners und Ita Wegman", Philosophisch-Anthroposophischer Verlag am Goetheanum, Dornach 1981

nachbar *Thomas von Aquins* (des späteren Rudolf Steiners). Reginald war es auch, der Thomas auf dem Totenbett die Beichte abnahm und seine Beisetzung regelte.

Ein Vergleich der Planetenstände in den Horoskopen von **Reginald von Piperno** und seiner Folgeinkarnation als **Ita Wegman** wäre hochinteressant. Leider sind uns aus dem 13. Jahrhundert aber keine zuverlässigen Geburts- oder Todesdaten zu Reginald überliefert. Er soll in den Jahren um 1230 im italienischen Piperno (heute Priverno) geboren und in den Jahren um 1290 in Anagni verstorben sein. So bleibt uns nur die Möglichkeit, **Geburts-** und **Todeshoroskop** von **Ita Wegman** auf Gemeinsamkeiten zu überprüfen.

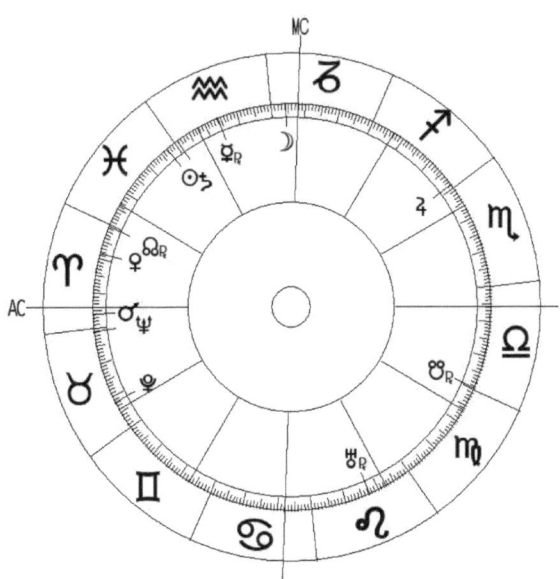

Ita Wegman – Geburt am 22.02.1876 gegen 9.30 Uhr

Ita Wegman wurde am **22. Februar 1876** in Karawang auf der Insel Java geboren (damals Niederländisch-Indien, heute Indonesien). Die **Geburtszeit** war laut Aussage ihres Schwagers Hupkes 9.30 Uhr oder

9.40 Uhr.[42] Ihr **Tod** erfolgte am **4. März 1943** in Arlesheim (Schweiz). Die genaue Uhrzeit ist dem Autor nicht bekannt. Daher wurde ihr **Todeshoroskop** für die Tagesmitte erstellt.

Im **Geburtshoroskop** fällt eine **Opposition Saturn-Uranus** auf, welche durch die **Konjunktion Saturns** mit der **Sonne** betont ist. Die Verbindung zwischen **Saturn** und **Uranus** blieb auch im **Todeshoroskop** erhalten. Beide haben sich zwar von der **Sonne** getrennt, sind aber zu einer engen **Konjunktion** zusammengerückt. Vielleicht standen sie nah an einem der Eckpunkte des Horoskopes.

Ita Wegmans **Geburt** erfolgte wenige Tage vor dem **Neumond**. Wir sehen dies an der Nähe des **Mondes** zur **Sonne**. Auch bei ihrem **Tod** standen sich die beiden Lichter nahe. Der **Mond** befand sich zudem beide Male in der Nähe zum **Merkur**.

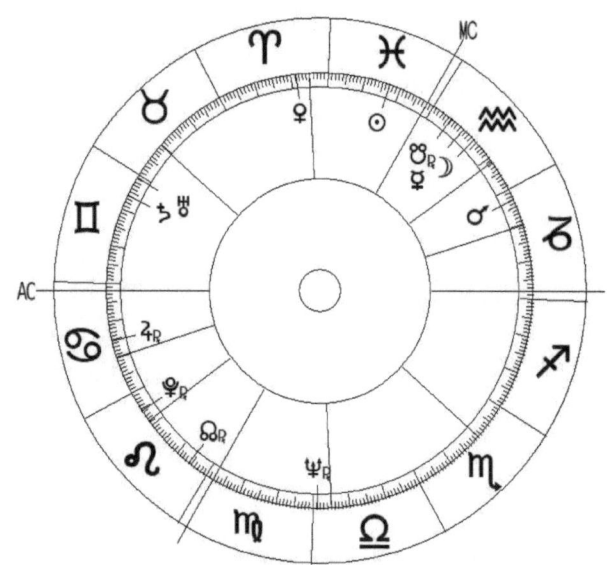

Ita Wegman – Tod am 04.03.1943 (12 Uhr ?)

---

[42] J. E. Zeylmans van Emmichoven, „Wer war Ita Wegman – 1876 – 1925 – Band 1", Verlag am Goetheanum, 3. Auflage 2022, S. 64

Des Weiteren findet sich im **Geburtshoroskop** eine **Opposition Plutos** zum **Jupiter**, die im **Todeshoroskop** als **Konjunktion** beider Planeten wieder auftaucht.

Mars, der bei der **Geburt** am **Aszendenten** und in der **Nähe zu Pluto** stand, hat sich beim **Tode** in **Opposition** zu **Pluto** begeben. Wiederum fällt die Bedeutung von Oppositionen und Konjunktionen sowie deren gelegentlicher Austausch auf. Das ist in gleicher Weise bei **Neptun** und **Venus** der Fall. Im **Geburtshoroskop** stehen sie **nahe beieinander**, im **Todeshoroskop** sind sie durch **Opposition** miteinander verbunden.

Und wie bei einigen anderen Horoskopvergleichen begegnet uns auch bei Ita Wegman der schon mehrfach beobachtete Austausch von **Jupiter** und **Neptun**. Bei der **Geburt** stand **Pluto** mit **Neptun** unterhalb des **Aszendenten**, beim **Tode** war **Plutos** Begleiter **Neptun** durch **Jupiter** ersetzt. Insgesamt taucht eine ganze Reihe von Planetenverbindungen des **Geburtshoroskopes** Ita Wegmans in ihrem **Todeshoroskop** wieder auf.

Albertus Magnus – Marie Steiner

Die engste und längste Weggefährtin Rudolf Steiners war seine spätere Ehefrau **Marie Steiner, geb. von Sivers.** Beide begegneten sich bereits im November 1900 in Berlin, während der Frühphase der Vortragstätigkeit Rudolf Steiners. Marie von Sivers war damals 33 Jahre alt. Vom Januar 1902 an stand sie Rudolf Steiner bei allen Entwicklungsschritten der Anthroposophischen Bewegung unermüdlich zur Seite. Das war ihre große Lebensaufgabe.

Von *Anna Samweber*, einer zum engsten Kreis um Rudolf Steiner gehörenden Mitarbeiterin, erfahren wir hierüber: *„Einmal zeigte mir Marie Steiner (nach dem Tode Rudolf Steiners) einen Brief von ihm, in dem er ausführte, wie für sie beide in der geistigen Welt bestimmt worden sei,* *dass er nur mit ihr zusammen seine irdische Aufgabe erfüllen könne. Dieser Brief gehört zu jenen sehr persönlichen von Rudolf Steiner, die Marie Steiner verbrannte. Als ich sie fragte, warum sie dies getan, es wäre doch bedeutsam, dass die Mitgliedschaft darum wüsste, antwortete sie sehr entschieden: «Ich kann doch dieser Gesellschaft nicht das Intimste preisgeben!»"* [43]

Schon Jahre vor ihrer Eheschließung mit Rudolf Steiner erfuhr Marie von Sivers durch ihn von ihrer vorhergehenden Inkarnation als der Universalgelehrte (Doctor Universalis) und Dominikaner **Albertus Magnus** im 13. Jahrhundert. Sein genaues **Geburtsjahr** ist **nicht bekannt**. Er wurde wohl um 1200 bei Lauingen an der Donau geboren. Rudolf Steiner bemühte sich wiederholt, seiner späteren Frau einen erkenntnismäßigen Zugang zu ihrer vorherigen Inkarnation zu verschaffen. Zu diesem Zweck führte er sie unter anderem bei jedem Besuch in Köln, selbst wenn sie in Eile waren – deshalb oft unter Protest von Marie von Sivers –, sogleich vom Hauptbahnhof zur nahegelegenen St. Andreas Kirche, wo seit der Aufhebung des Kölner Dominikanerklosters im Jahre 1804 die Gebeine von Albertus Magnus in einem römischen Sarkophag ruhen. An diesem Ort klärte er sie darüber auf, dass sie im letzten Erdenleben sein Lehrer war. Im Jahre 1911 oder 1912, ein paar Jahre vor der Heirat der beiden, wurden sie von *Helene Röchling* bei einem solchen Besuch am Sarkophag von Albertus Magnus begleitet. Sie hat folgendes darüber berichtet:

„Als sie sich einige Schritte von dem Sarkophag des Albertus Magnus entfernt hatten, blieb Rudolf Steiner stehen und sagte lächelnd – im Dreieck stehend – zu Marie von Sivers: «Erinnern Sie sich noch an die Zeit unseres damaligen Wirkens?» Marie von Sivers: «Nur sehr undeutlich.» Darauf Rudolf Steiner: «Aber damals waren Sie doch mein Lehrer!» [44]

---

[43] Anna Samweber, „Erinnerungen an Rudolf Steiner und Marie Steiner-von Sivers", Verlag am Goetheanum, herausgegeben von Jacob Streit, S. 39

[44] Ekkehard Meffert, „Mathilde Scholl und die Geburt der Anthroposophischen Gesellschaft 1912/13", Verlag am Goetheanum, S. 123 ff. und S. 293, Anmerkung 66, sowie

Albertus Magnus, der Lehrer *Thomas von Aquins*, **starb** am **15. November 1280** zu unbekannter Uhrzeit in Köln. Wir können daraus sein **Todeshoroskop** erstellen.

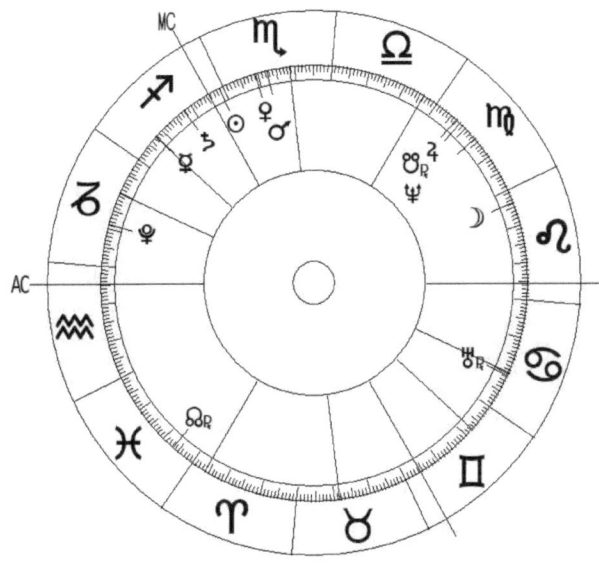

Albertus Magnus – Tod am 15.11.1280 (12 Uhr ?)

Fast sechshundert Jahre später, am **14. März 1867** wurde Albertus Magnus in Włocławek bei Warschau (damals Russland) als **Marie von Sivers** wiedergeboren. Vergleicht man sein **Todeshoroskop** mit ihrem **Geburtshoroskop**, so zeigen beide zunächst ein sehr unterschiedliches Bild.

Wilfried Hammacher, „Marie Steiner – Lebensspuren einer Individualität", Verlag Freies Geistesleben, S. 245, Anmerkung 24 mit ausführlichen Angaben

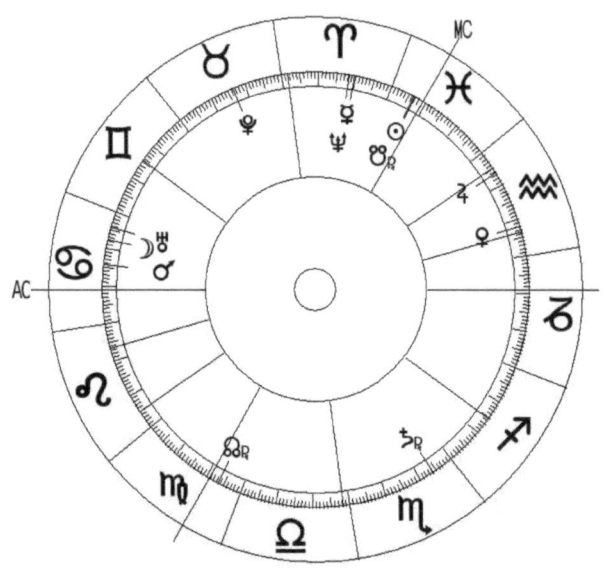

Marie Steiner – Geburt am 14.03.1867 (12 Uhr ?)

Erst bei genauerer Betrachtung entdeckt man eine wiederkehrende **Konjunktion Neptuns** mit dem **absteigenden Mondknoten**. Diese wird unterstützt von **Jupiter**. Beim **Tode des Albertus Magnus** waren alle drei in enger **Konjunktion** vereint. Bei der **Geburt Marie von Sivers'** hatte sich diese **Konjunktion** etwas aufgeweitet, war aber noch immer deutlich zu erkennen. Ihre maßgebliche Betonung, in der Art wie wir es aus allen vorherigen Betrachtungen kennen, erhielt die Konjunktion jeweils durch die Nähe zu einem der beiden Lichter. Am **Todestag** von **Albertus Magnus** war es der **Mond**. Bei der **Geburt** als **Marie von Sivers** war es die **Sonne**. **Merkur** hatte dann zwar die ehemalige Position **Jupiters** bei **Neptun** eingenommen. Aber **Jupiter** hielt sich dennoch wieder in der Nähe auf.

Am 27. Dezember 1948 verstarb Marie Steiner. In ihrem **Todeshorokop** zeigt sich zum dritten Mal in Folge **Neptun** in **Konjunktion** mit dem **absteigenden Mondknoten**. Nun wieder betont durch den nahen **Mond**, wie beim **Tode von Albertus Magnus**. **Jupiter** ist ganz nahe an die **Sonne** herangerückt.

Marie Steiner – Tod am 27.12.1948 (12 Uhr ?)

Mars war sowohl beim **Tode von Albertus Magnus** wie auch beim **Tode von Marie Steiner** in **Konjunktion** mit der **Sonne!** Im dazwischen liegenden **Geburtshoroskop Marie Steiners** zeigte sich **Mars** stattdessen in **Konjunktion** mit dem **Mond.** Somit begegnen wir erneut dem schon häufiger beobachteten **Austausch von Sonne und Mond**, stets mit dem Ziel der Betonung einzelner Planeten oder ganzer Planetengruppen.

Thomas von Aquin – Rudolf Steiner

Bei der in vielerlei Hinsicht so ganz außergewöhnlichen Individualität Rudolf Steiners erscheint es kaum verwunderlich, dass er schon in jungen Jahren von seiner vorherigen Inkarnation erfuhr. Es geschah in der zweiten Hälfte seines 4. Jahrsiebts, als er nach Wien umgezogen war, vermutlich im 5. Jahr dieses Jahrsiebts.

Im jetzigen Zeitalter kommen wichtige Hinweise auf unsere früheren Inkarnationen immer von außen, durch andere Menschen auf uns zu, wobei diese sich der Bedeutung ihrer Äußerungen nicht bewusst sind. Geistesschüler können zwar auch Hinweise von innen durch ihren Engel erhalten, aber immer ist eine zusätzliche Bestätigung von außen erforderlich.

„Soll jemand wirklich etwas wissen über seine vorhergehende Inkarnation, so ist es in der Gegenwart nicht so, dass man es von innen heraus fassen kann, sondern man wird von außen herein aufmerksam gemacht durch irgendein äußeres Ereignis oder von jemand anderem. Heute ist es in der Regel falsch, wenn einer von innen heraus schöpft und sich diktiert: Ich bin dieses oder jenes. Wenn jemand etwas wissen soll, wird es ihm von außen gesagt." [45]

Bei Rudolf Steiner geschah dies zum Beispiel durch eine Bemerkung des Zisterzienser Paters Wilhelm Neumann:

„Und dann kam das Merkwürdige, dass ich einmal in Wien einen Vortrag hielt. Dieselbe Persönlichkeit war dabei, und nach dem Vortrage machte sie eine Bemerkung, die gar nicht anders aufzufassen war, als dass der Mann in diesem Augenblicke ein volles Verständnis hatte für einen Menschen der Gegenwart und für die Beziehung dieses Menschen der Gegenwart zu seiner früheren Inkarnation. Und was er da über den Zusammenhang von zwei Erdenleben sagte, das war richtig, war nicht falsch. Aber er verstand gar nichts; er sprach das nur." [46]

---

[45] GA 169 „Weltwesen und Ichheit", Berlin, Vortrag vom 18. Juli 1916

[46] GA 240 „Esoterische Betrachtungen karmischer Zusammenhänge – Band VI", Arnheim, Vortrag vom 18. Juli 1924

Die für Rudolf Steiner hierbei so bedeutsamen Worte lauteten: *„Die Keime zu diesem Vortrage, den Sie heute uns gehalten haben, die liegen schon bei* **Thomas von Aquino***!“* [47]

Selbstverständlich waren es nicht diese Worte allein, auf die Rudolf Steiner seine Überzeugung von seiner vorherigen Inkarnation stützte. Im Verlaufe seiner spirituellen Entwicklung erlangte er die Fähigkeit der eigenständigen Rückschau in seine Inkarnationsreihe. Über seine Geburt als der spätere Dominikanermönch **Thomas von Aquino** wissen wir nur, dass er **kurz vor oder kurz nach Neujahr 1225** auf Schloss Roccasecca bei Aquino in Italien sein neues Erdenleben begann. Mangels eines genauen Datums können wir leider kein Geburtshoroskop erstellen. Jedoch ist das Datum seines **Todes** überliefert. Dieser erfolgte am **7. März 1274** im Kloster Fossanova. Die genaue Uhrzeit ist nicht bekannt.

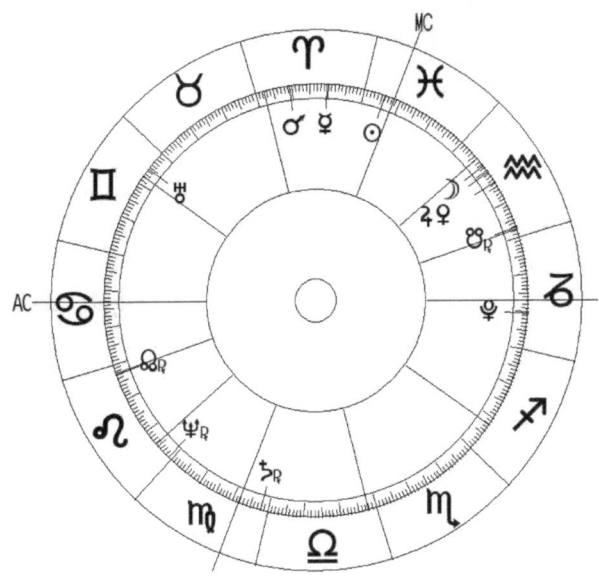

Thomas von Aquin – Tod am 07.03.1274 (12 Uhr ?)

[47]   GA 74 „Die Philosophie des Thomas von Aquino", Dornach, Vortrag vom 24. Mai 1920.

Hinsichtlich des **Geburtsdatums Rudolf Steiners** wird gewöhnlich auf die Angabe in seiner Autobiographie „Mein Lebensgang" Bezug genommen: *„In Kraljevec[48] bin ich am* **27. Februar 1861** *geboren.*" [49] Unabhängig davon existiert jedoch eine undatierte anderslautende Notiz von ihm, nach welcher er bereits zwei Tage vorher geboren wurde: *„Meine Geburt fällt auf den* **25. Februar 1861.** *Zwei Tage später wurde ich getauft.*" [50] In allen amtlichen Dokumenten Rudolf Steiners steht der 27. Februar 1861 als Geburtsdatum. Jedoch bestand bis ins 19. Jahrhundert hinein der weit verbreitete Usus, das Taufdatum als amtlichen Geburtsnachweis zu notieren. Nach dem Kirchenrecht galt nur der getaufte Mensch als anerkannter Erdenbürger. Wer sich mit Ahnenforschung zur eigenen Familie beschäftigt hat, wird diesem Faktum sicherlich mehrfach begegnet sein. Zur Erstellung des **Geburtshoroskopes Rudolf Steiners** wurde daher nicht der 27. Februar, sondern der **25. Februar 1861** verwendet. Als **Geburtszeit** wird allgemein ca. **23.15 Uhr** angenommen.

Gibt es irgendwelche Ähnlichkeiten zwischen dem **Todeshorokop Thomas von Aquins** und dem **Geburtshoroskop Rudolf Steiners**?

Blicken wir zunächst auf die Situation bei den beiden Lichtern. Dort finden wir **in beiden Horoskopen Saturn** in **Opposition** zur **Sonne**, und zwar beide Male sogar in den gleichen Zeichen: Jungfrau und Fische. Allerdings müssen wir berücksichtigen, dass wegen der Rückläufigkeit des Frühlingspunktes infolge der langsamen Rückwärtsdrehung der Erdachse von allen in den Ephemeriden angegebenen Planetenpositionen zu Rudolf Steiners Geburtsjahr 6,25° abgezogen werden müssen.[51] Für das **Geburtshoroskop Rudolf Steiners** ergibt

---

[48] Donji Kraljevec, damals Königreich Ungarn, Teil des Kaisertums Österreich (heute Kroatien)

[49] GA 28, Kapitel I

[50] „Rudolf Steiner 1861 – 1925 – Eine Bildbiographie", S. 16, Rudolf Steiner Verlag, 2021

[51] Siehe die Tabelle der Korrekturwerte in des Autors Büchern „Der Einfluss der Tierkreiskräfte auf die kulturelle Entwicklung der Menschheit" (Abb. 6, S. 39) und

sich daraus die Besonderheit, dass nicht nur die **Sonne** und **Saturn** auf nahezu 0° Fische beziehungsweise 0° Jungfrau zurückrutschen, sondern ebenso **Pluto** und **Mars** auf nahezu 0° Stier und **Uranus** auf fast 0° Zwillinge. Insgesamt befinden sich somit fünf (!) Planeten im Übergangsbereich zwischen zwei Tierkreisbildern. Fühlt man sich da nicht an die örtlichen Gegebenheiten aus Rudolf Steiners Kindheit erinnert? Er wuchs in dem kleinen Ort Neudörfl an der Grenze zwischen Österreich und Ungarn auf und musste auf seinem Schulweg täglich zweimal den Grenzfluss Leitha überqueren. Dadurch wurde wohl schon früh in seiner Seele die Fähigkeit zur Gleichgewichtsbildung zwischen zwei Polaritäten veranlagt, welche das zentrale Prinzip der Anthroposophie wie auch des Christusimpulses ist.

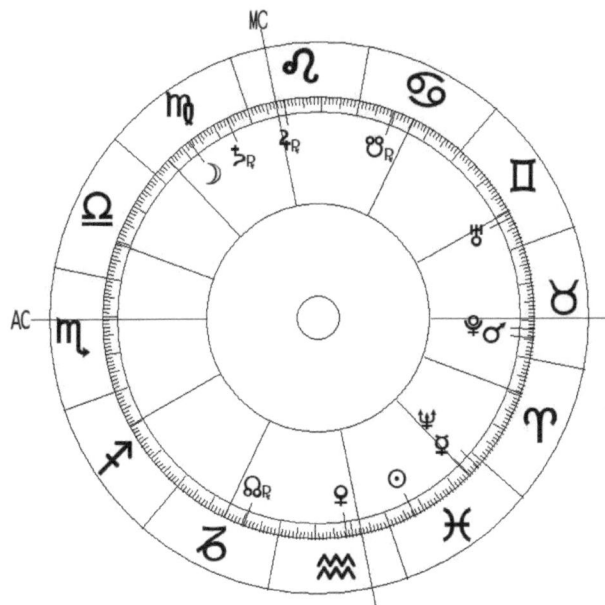

Rudolf Steiner – Geburt am 25. 02.1861 gegen 23.15 Uhr

„Das alte und das neue Weltbild – Rudolf Steiners Kritik der Astrologie" (Abb. 4, S. 53), Verlag BoD (Books on Demand), Norderstedt

Des Weiteren finden wir im **Todeshoroskop Thomas von Aquins** den **Mond** in **Konjunktion** mit den Planeten **Jupiter** und **Venus**, welche zusätzlich durch **Opposition** mit **Neptun** verbunden sind. Im **Geburtshoroskop Rudolf Steiners** überschneidet sich diese Planetengruppe mit der schon erwähnten **Saturn-Sonne-Opposition**. **Jupiter** zeigt sich wieder in der Nähe zum **Mond**, sowie ihnen gegenüber, also in **Opposition**, **Venus** und **Neptun**. Venus hat sich einfach auf die gegenüberliegende Seite zu Neptun begeben. Dadurch bleibt aber die Vierergruppe **Mond**, **Jupiter**, **Venus** und **Neptun** erhalten. Letzterer hat sich mit **Merkur** zusammengetan und verbindet dadurch übersinnliches Erleben mit dem Intellekt.

Am **30. März 1925** gegen **10 Uhr** legte Rudolf Steiner in Dornach seine irdische Hülle ab.

Rudolf Steiner – Tod am 30.03.1925 gegen 10 Uhr

In seinem **Todeshoroskop** sehen wir **Venus** deutlich näher an die **Sonne** herangerückt. Und die Stelle, an der sich bei der Geburt **Merkur** und **Neptun** in **Konjunktion** aufhielten, ist nun von **Uranus** besetzt. Dieser Planet bringt einen neuen Einschlag zu der **Sonne-Venus-Konjunktion** hinzu, und die Nähe zur Sonne wertet ihn deutlich auf. Über diese Besonderheit wird im nächsten Kapitel noch zu sprechen sein.

Ansonsten ist interessant zu beobachten, wie die beiden im **Geburts-horoskop** Rudolf Steiners vorhandenen **Konjunktionen Saturn-Jupiter** und **Pluto-Mars** in seinem **Todeshoroskop** zum Ausdruck kommen. Die **Saturn-Jupiter-Konjunktion** war im **Geburtshoroskop** aufgewertet sowohl durch ihre Nähe zum **Mond** wie auch durch die Position **Jupiters** am **Medium Coeli**. Im **Todeshoroskop** zeigt sich diese Gruppe in der Weise, dass sich **Jupiter** und **Saturn** im gegen-überliegenden Kreisviertel zum **Mond** befinden und eigentlich weit auseinanderstehen, jedoch der Oppositionspunkt des **Mondes** in die Mitte (17° Schütze) zwischen **Jupiter** und **Saturn** fällt. Auf diese Weise kann der **Mond** sowohl als **Bindeglied** zwischen den Planeten **Jupiter** und **Saturn** wirken wie auch zwischen **Mars** und **Pluto**, welche im **Geburtshoroskop** ebenfalls in **Konjunktion** vereint waren – sogar in sehr enger Konjunktion – und durch ihre Position am **Deszendenten** zusätzliche Betonung erhielten. **Pluto** hat seine Betonung beibehalten, in dem er vom **Deszendenten** (bei der Geburt) zum **Aszendenten** (beim Tode) gewechselt ist. Solche Dinge lassen sich hier beurteilen, da sowohl die genaue Geburtszeit wie auch die Todeszeit bekannt ist.

Wir lernen daraus, welche Vielfalt an Variationen es gibt, mit deren Hilfe planetarische Charakteristika eines **Geburtshoroskopes** im nach-folgenden **Todeshoroskop** wieder zum Ausdruck gebracht werden können. Die gängigen Aspektregeln traditioneller wie auch neuer Astro-logieschulen sind hierfür völlig unzureichend. Sie sind viel zu eng gefasst.

Rudolf Steiner und die Meister des esoterischen Christentums

Rudolf Steiner war ein außerordentlich vielseitig begabter Mensch. Er schrieb Bücher und hielt Vorträge zu den verschiedensten Themen wie Pädagogik, Philosophie, Naturwissenschaften, Kunst, Medizin, Landwirtschaft, Spiritualität und mehr. Die Gesamtausgabe seines Werkes umfasst etwa 6000 Vorträge in über 300 Bänden. Selbst im Jahr 1924, nach dem Brand des ersten Goetheanum, als Rudolf Steiner bereits unter gesundheitlichen Einschränkungen zu leiden hatte, hielt er bis zu seiner letzten Ansprache am 28. September noch über 400 Vorträge! Das war nur zu bewältigen, indem er mehrere am selben Tag hielt. Daneben baute er die neue freie Hochschule für Geisteswissenschaft auf, führte unzählige Gespräche mit Mitgliedern der anthroposophischen Gesellschaft, die seinen Rat suchten, setzte seine Schnitzarbeiten an der Holzgruppe des Menschheitsrepräsentanten fort und entwarf ein plastisches Modell für den Bau des zweiten Goetheanums.

Für viele Menschen war Rudolf Steiner ein wahrhaft unfassbares Phänomen, schon allein wegen seiner geradezu übermenschlichen Tat- und Gestaltungskraft und seines unvergleichlichen Wissens. Hinzu kam jedoch seine ganz und gar außergewöhnliche spirituelle Entwicklung, in deren Verlauf er Zugang zu den höheren Welten in einer Weise fand, die ihn nicht nur zum Bürger zweier Welten machte, sondern bis an die Grenze von drei Welten – der physischen, der seelischen und der geistigen Welt – führte, sogar bis zum darüber liegenden Budhiplan, in welchem die Bodhisattvas in ständiger Anschauung des Christus leben und von ihm ihre jeweiligen Aufgaben für die Weiterentwicklung der Menschheit entgegennehmen. Deshalb war es kein Wunder, dass die Anthroposophen schon zu Rudolf Steiners Lebzeiten darüber rätselten, welch außerordentlich hohe Individualität da wohl vor ihnen stand und unter ihnen wirkte.

Verständlicherweise kam es dabei zu allerlei Spekulationen. Die einen mutmaßten, er sei der **Bodhisattva Jeshu ben Pandira**, der hundert Jahre vor Christus unter den Essäern lebte und an der späteren Begründung des Christentums vorbereitend mitwirkte. Andere kamen zu der Überzeugung, Rudolf Steiner sei der große Eingeweihte **Zarathutra**, der als **Jesus von Nazareth** wiedergeboren wurde, der bei der Taufe am Jordan seine Leiblichkeit der Christuswesenheit als irdische Hülle übergab und seither als **Meister Jesus** an der Weiterentwicklung der Menschheit mitwirkt. Wieder andere behaupteten, Rudolf Steiner sei eine Inkarnation von **Christian Rosenkreutz**. Es gab auch welche, die annahmen, er sei **die Seele des nathanischen Jesusknaben**, die Urseele der Menschheit aus der Zeit vor dem Sündenfall. Und sogar die Meinung, er sei **der Heilige Geist** gewesen, wurde nach seinem Tode von manchen Anthroposophen vertreten.

„Wer war Rudolf Steiner?" Diese Frage beschäftigt bis heute unzählige Menschen, gerade jene, die von der Unvergleichlichkeit seiner Persönlichkeit und seines Wirkens zutiefst beeindruckt sind. In der Beantwortung einer solchen Frage liegt jedoch eine große Gefahr. Nur allzu leicht kann daraus ein Persönlichkeitskult entstehen, der negative Auswirkungen auf das vollbrachte Werk eines solchen Menschen hat. Rudolf Steiner hat bekanntlich den rosenkreuzerischen Einweihungsweg als den für die heutige Menschheit geeignetsten beschrieben. Er war somit Angehöriger der Rosenkreuzerströmung. Um den Hals trug er einen Anhänger mit dem Symbol des Rosenkreuzes, ein Kreuz umgeben von sieben Rosen, dem man ansieht, dass es aus früheren Jahrhunderten stammte. Er vermachte es später Ita Wegman.

Innerhalb der Rosenkreuzerströmung herrscht das strenge Gesetz, dass die wahre Individualität eines ihrer Eingeweihten erst hundert Jahre nach seinem Tode öffentlich enthüllt werden darf, um jeglichen Persönlichkeitskult zu vermeiden. Rudolf Steiner teilte uns hierüber mit: *„Das ist ein strenges Gesetz innerhalb der Rosenkreuzergemeinschaft seit ihrer Gründung. Wer ein Führer innerhalb der Rosenkreuzergemeinschaft ist, davon erfährt exoterisch nie jemand etwas, bevor nicht hundert*

Jahre verflossen sind nach seinem Tode. Dann ist das, was er gegeben hat, schon übergegangen in die Menschheit, ist ein objektives Gut der Menschheit geworden. Daher ist alles Persönliche ausgeschlossen. Niemals wird es möglich sein, auf eine Persönlichkeit im irdischen Leibe hinzuweisen als Träger des christlichen Geheimnisses. Erst hundert Jahre nach dem Tode einer solchen Persönlichkeit würde dieses möglich sein. Das ist ein Gesetz, das alle Brüder des Rosenkreuzes wohl beobachten." [52]

Mit dem Jahr 2025 sind hundert Jahre seit dem Tode Rudolf Steiners vergangen. Daher darf nun, unter Beachtung des obigen Gesetzes der Rosenkreuzergemeinschaft, öffentlich über das Geheimnis, das mit seiner Person verbunden ist, gesprochen werden.

Rudolf Steiner war definitiv nicht **Christian Rosenkreutz**. Schon von 1904 an eröffnete Rudolf Steiner im Rahmen der esoterischen Stunden und im Zusammenhang mit seinen Ausführungen zur Tempellegende seinen Zuhörern, dass Christian Rosenkreutz in einer früheren Inkarnation *Hiram Abiff* war, der große Baumeister des Tempels Salomos, und zu Zeiten des Mysteriums von Golgatha als *Lazarus*, der spätere Lieblingsjünger Christi, wiedergeboren wurde.[53] Zur selben Zeit befand sich **Rudolf Steiner**, nach seiner vorchristlichen Inkarnation als *Aristoteles*, gemeinsam mit *Alexander dem Großen* und einer großen Schar weiterer Michaeliten in der Sonnensphäre:

„Michael und die Seinen, zu denen eben auch Alexander und Aristoteles gehörten, erlebten ja das Mysterium von Golgatha nicht vom Erdengesichtspunkt aus. Sie sahen den Christus nicht ankommen auf Erden; sie sahen ihn Abschied nehmen von der Sonne." [54]

---

[52] GA 143 „Erfahrungen des Übersinnlichen – Die drei Wege der Seele zu Christus", Stockholm, Vortrag vom 17. April 1912

[53] GA 265 „Zur Geschichte und aus den Inhalten der erkenntniskultischen Abteilung der Esoterischen Schule – 1904 – 1914", Anhang „Zur Hiram-Johannes-Forschung Rudolf Steiners" von Hella Wiesberger, S. 423 ff.

[54] GA 240 „Esoterische Betrachtungen karmischer Zusammenhänge – Band VI", Torquay, Vortrag vom 14. August 1924

Des Weiteren war **Christian Rosenkreutz** einer der beiden Meister, die Rudolf Steiner einweihten. Wir wissen das aus einer Mitteilung *Friedrich Rittelmeyers* an *Walter Johannes Stein*, der es schriftlich festgehalten hat:

„Rittelmeyer sagt: Als er eine Lebensskizze Dr. Steiners zu schreiben hatte, erzählte ihm Doktor Steiner im Beisein Frau Dr. Steiners: Er hätte zwei Initiatoren gehabt, Christian Rosenkreutz und den Meister Jesus (Zarathustra)." [55]

Folglich kann Rudolf Steiner auch nicht mit der Individualität des **Meisters Jesus (Zarathustra)** identisch sein, wie manche behaupten. Diesbezüglich haben wir, ebenfalls von Rittelmeyer, folgende zusätzliche Information über Meister Jesus beziehungsweise dessen Wirken als der „Gottesfreund vom Oberland" im 14. Jahrhundert, als er den Mystiker *Johannes Tauler* einweihte:

*„Auf eine Frage nach dem **Gottesfreund vom Oberland** habe Rudolf Steiner geantwortet, dass er der **Meister Jesus** gewesen sei, der seit dem Mysterium von Golgatha in jedem Jahrhundert inkarniert sei. Auf die weitere Frage, ob er auch jetzt inkarniert sei, wurde geantwortet: derzeit hält er sich in den Karpathen auf und Rudolf Steiner habe angedeutet, dass er mit ihm in rein geistiger Verbindung stehe."* [56]

Rudolf Steiner war folglich weder Christian Rosenkreutz noch der Meister Jesus. Wie verhält es sich dagegen mit der Vermutung, Rudolf Steiner sei der **Bodhisattva Jeshu ben Pandira** gewesen? Auch dies kann nicht zutreffen, denn als Friedrich Rittelmeyer im Jahre 1921 Rudolf Steiner fragte, *„ob der Bodhisattva jetzt schon auf der Erde verkörpert sei"*, erhielt er als Antwort: *„Wenn wir noch 15 Jahre leben,*

---

[55] Friedrich Rittelmeyer, „Meine Gespräche mit Rudolf Steiner", Kapitel „Die sieben Meister", Verlag Urachhaus

[56] Überliefert durch Friedrich Rittelmeyer ohne nähere Zeitangabe. Siehe GA 264 „Zur Geschichte und aus den Inhalten der ersten Abteilung der Esoterischen Schule" (1904 - 1914), S. 238

können wir noch etwas davon erleben. Das waren seine Worte." [57]
Friedrich Rittelmeyer hat hierüber später mit Walter Johannes Stein
gesprochen. Das belegen Notizen desselben, die im Archiv des Goetheanum aufbewahrt sind. Dort heißt es: *„Rittelmeyer sagt: Im August 1921*
sagte Dr. Steiner über Jeshu ben Pandira: wenn wir noch 15 Jahre leben,
können wir noch etwas davon erleben. = 1936. Jeshu ben Pandira ist am
Anfang des Jahrhunderts geboren. (Basel 1911)" [58]

Rudolf Steiner wurde im Jahre 1861 geboren und war im Jahre 1921
bereits seit zwanzig Jahren öffentlich wirksam zur Verbreitung der
Anthroposophie. Er kann somit unmöglich der Bodhisattva Jeshu ben
Pandira gewesen sein.

Könnte Rudolf Steiner stattdessen eine Inkarnation der **Seele des**
nathanischen Jesusknaben gewesen sein? Sie war ebenfalls zum
Zeitpunkt des Mysteriums von Golgatha auf der Erde als Teil der
komplizierten Wesenheit des Jesus von Nazareth. Daher kann sie
unmöglich mit der Individualität Rudolf Steiners identisch sein. Jedoch
ist es sehr wahrscheinlich, dass er in seinem Astralleib eine Kopie der
Seele des nathanischen Jesus trug, in welcher drei Jahre lang das
Christus-Ich lebte. Als göttliche Wesenheit, als Avatar, ist Christus
imstande, seinen Ätherleib oder Astralleib beliebig zu vervielfältigen
und diese Kopien jenen Menschen einzugliedern, die bei der Weiterentwicklung der Menschheit besondere Aufgaben zu erfüllen haben.

Der Astralleib enthält die drei Seelenglieder des Menschen und so
kam es, dass im Verlaufe der letzten zweitausend Jahre *„die mannig-*
faltigsten Persönlichkeiten Empfindungsseele, Verstandesseele oder
Bewusstseinsseele als Abbilder aus dem astralischen Leib des Jesus von
Nazareth in sich einverwoben hatten". [59] Speziell die Bewusstseinsseele

---

[57]   Friedrich Rittelmeyer, „Meine Gespräche mit Rudolf Steiner", Kapitel „Der Bodhi-
       sattva", Verlag Urachhaus

[58]   Ibidem

[59]   GA 109 „Das Prinzip der spirituellen Ökonomie im Zusammenhang mit Wieder-
       verkörperungsfragen", Berlin, Vortrag vom 15. Februar 1909

ist eng mit dem Ich verknüpft. Entsprechend erläuterte Rudolf Steiner im selben Vortrag:

„Bei denen, welchen wiederum mehr eingeprägt war die Bewusstseinsseele beziehungsweise das Abbild, das sich als Bewusstseinsseele des Jesus von Nazareth auslebt, trat auf – weil in der Bewusstseinsseele das Ich sitzt – die besondere Erkenntnis, dass im Ich der Christus gefunden werden kann. Und weil sie selber das Element der Bewusstseinsseele aus dem astralischen Leib des Jesus von Nazareth in sich hatten, leuchtete in ihrem Innern ihnen der innere Christus auf, und durch diesen Astralleib erkannten sie, dass der Christus in ihrem Innern der Christus selber war. Das waren die, die Sie kennen als Meister Eckart, Johannes Tauler und die ganzen Träger der mittelalterlichen Mystik."

Die dreifaltige Seele des Jesus von Nazareth, war die Seele des nathanischen Jesusknaben, in welche später das Christus-Ich einzog. Alle Menschen, die Abbilder des Astralleibes des Jesus von Nazareth erhielten, trugen somit ein Abbild der Seele des nathanischen Jesusknaben in sich, und sofern es sich speziell um ein Abbild der Bewusstseinsseele handelte, auch ein Abbild des Christus-Ich.

„Mit dem 16. Jahrhundert fängt die Zeit an, in der sich bereitfinden, sich in das Ich einzelner Individualitäten zu verweben die Abbilder des C h r i s t u s - I c h. Einer dieser war eben **Christian Rosenkreutz**, *der erste Rosenkreuzer. Dieser Tatsache verdanken wir es eben, das eine innigere Verbindung mit dem Christus möglich wurde, wie uns das die esoterische Lehre offenbart."* [60]

Wir dürfen somit davon ausgehen, dass sowohl Rudolf Steiner als auch eine Reihe weiterer Schüler des Christian Rosenkreutz, Abbilder des Christus-Ich und der Seele des nathanischen Jesusknaben in sich trugen beziehungsweise tragen.

---

[60] GA 109 „Das Prinzip der spirituellen Ökonomie im Zusammenhang mit Wiederverkörperungsfragen", Rom, Vortrag vom 28. März 1909

„Einzelne hatten in ihrem eigenen Ich gleichsam als Propheten einer neuen Zeit etwas einverwoben erhalten, so zum Beispiel einige der deutschen Mystiker, die deshalb den inneren Christus mit solcher Inbrunst verkündeten, weil sich etwas wie ein Abbild des Ich des Christus in ihnen verkörpert hat; aber ein Abbild natürlich! Erst die Menschen, welche nach und nach sich vorbereiten zum vollen Christus-Verständnis, die durch die Erkenntnis der spirituellen Welten verstehen werden, was der Christus ist, indem er von Zeit zu Zeit, sich wandelnd, immer wieder sich findet im Fortgang der Erdenentwickelung, die werden nach und nach reif, dieses Christus-Erlebnis in sich zu haben, sozusagen die wartenden Abbilder des Christus-Ich, das der Christus im Leibe des Jesus durch einen Abdruck gebildet hat, dieses Ich aufzunehmen.

Das gehört zu der inneren Mission der spirituellen Weltenströmung, die Menschen dazu vorzubereiten, ihr Seelisches so reif zu machen, dass nun auch eine immer größere und größere Anzahl von Menschen ein Abbild der Ich-Wesenheit des Christus Jesus in sich aufnehmen kann." [61]

Bei der Entwicklung der neuen spirituellen Weltenströmung arbeiten **Christian Rosenkreutz** und **Meister Jesus** intensiv zusammen. Einerseits sind sie in jedem Jahrhundert inkarniert, unerkannt für ihre äußere Umgebung, andererseits sprechen sie auch durch ihre Schüler, insbesondere durch die von ihnen selbst eingeweihten. Hierzu zählt, wie wir bereits wissen, Rudolf Steiner.

Wenn ein Meister durch einen Schüler spricht, so geschieht dies meist durch eine **zeitweilige Inkorporation** in demselben. Dies war insbesondere bei den Vorträgen Rudolf Steiners in den „esoterischen Stunden" bis zum ersten Weltkrieg der Fall, wie er selbst seinen Zuhörern andeutete, so zum Beispiel am 8. Juli 1908 in Kassel:

„Der Unterschied zwischen exoterischer und esoterischer Betrachtung: bei der exoterischen trägt der Sprecher die Verantwortung, bei der esoterischen diejenige Wesenheit, als deren Mund er spricht, die hinter

---

[61] GA 109 „Das Prinzip der spirituellen Ökonomie im Zusammenhang mit Wiederverkörperungsfragen", München, Vortrag vom 7. März 1909

*ihm steht. Wie eine Botschaft dieser Wesenheiten haben wir die esoteri-
schen Stunden aufzufassen."* [62]

Oder am 7. Januar 1909 in München:

*„Notwendig ist es, dass wir uns stets vor Augen halten, dass in einer
esoterischen Stunde uns direkt Dinge aus einer übersinnlichen Welt
mitgeteilt werden, dass derjenige, der zu uns spricht, sich als Instrument
zu betrachten hat, das die Meister der Weisheit und des Zusammenklanges
der Empfindungen benutzen. Wer in diesem Sinne den Mitteilungen
lauscht, der nimmt sie im rechten Sinn auf."* [63]

Solche zeitlich begrenzte Inkorporationen von Wesenheiten in einem
anderen Menschen finden jedoch nicht nur zwischen Meistern und
Normalsterblichen statt. Es kommt durchaus auch vor, dass Menschen
vom Dasein zwischen zwei Inkarnationen aus sich in Menschen auf der
Erde vorübergehend „inkorporieren". So teilte Rudolf Steiner zum
Beispiel über die führenden Platoniker der mittelalterlichen Schule von
Chartres mit:

*„Diese letzteren waren bisher nicht in einer Inkarnation, obwohl ich bei
meinem Nahetreten dem Zisterzienser-Orden immer Inkorporationen von
manchen derjenigen antreffen konnte, die in der Schule von Chartres
waren. Denn im Zisterzienser-Orden begegnete man mancher Persönlichkeit, die nicht eine Wiederverkörperung eines Schülers von Chartres
war, die aber Augenblicke im Leben hatte, wo sie in begeisterter Weise für
Stunden, für Tage durchsetzt war von einer solchen Individualität aus
der Schule von Chartres. Inkorporationen also, nicht Inkarnation lag da
vor."* [64]

---

[62] GA 266 a „Aus den Inhalten der esoterischen Stunden – Band I", esoterische Stunde
vom 4. Juli 1908 in Kassel

[63] Ibidem, esoterische Stunde vom 7. Januar 1909 in München

[64] GA 240 „Esoterische Betrachtungen karmischer Zusammenhänge – Band VI",
Arnheim, Vortrag vom 18. Juli 1924

Gibt es darüber hinaus auch **dauerhafte Inkorporationen**, durch die letztlich **Doppelwesenheiten** entstehen? Die gibt es tatsächlich und eine der bekanntesten ist die Ehefrau Rudolf Steiners, Marie Steiner. Sie war dauerhafte Trägerin nicht einer verstorbenen menschlichen Individualität, auch nicht eines Meisters des esoterischen Christentums, sondern eines übermenschlichen Geistwesens aus höheren Sphären. Rudolf Steiner bezeichnete seine Frau daher als *„kosmisches Wesen"*. Als im Hause Emil Molts bei einem Mittagessen das Gespräch darauf kam, dass Rudolf Steiner gerade an seiner Biographie „Mein Lebensgang" [65] schrieb und Emil Molt meinte *„Man sollte auch Frau Doktors Biographie schreiben"*, da erwiderte Rudolf Steiner: *„Das kann man ja nicht. Frau Doktor ist ein kosmisches Wesen."* [66]

Man könnte dies einfach als eine Art Kompliment Rudolf Steiners an seine Gattin oder eine poetische Umschreibung ihrer Wesensart interpretieren. Solches lag Rudolf Steiner jedoch völlig fern. Schon gleich in seinem ersten Mysteriendrama „Die Pforte der Einweihung" gibt er einen Hinweis auf das „kosmische Wesen", dessen Trägerin Marie Steiner war. Sie spielte im Drama die Maria. Ihr geistiger Lehrer Benedictus, der Eingeweihte, erklärt ihr im 3. Bild:

„Als auf dem Pilgerpfad der Seele erreicht ich hatte jene Stufe, die mir die Würde gab, mit meinem Rat zu dienen in den Geistersphären, da trat zu mir ein Gotteswesen, das niedersteigen sollte in das Erdenreich, um eines Menschen Fleischeshülle zu bewohnen. Es fordert dies das Menschenkarma an dieser Zeiten Wende. Ein großer Schritt im Weltengang ist möglich nur, wenn Götter sich binden an das Menschenlos. Es können sich entfalten Geistesaugen, die keimen sollen in den Menschenseelen, erst wenn ein Gott das Samenkorn gelegt in eines Menschen Wesenheit. Es wurde mir nun aufgegeben, zu finden jenen Menschen, der würdig war, des Gottes Samenkraft in seine Seele aufzunehmen. So musste ich

---

[65] GA 28

[66] Wilfried Hammacher, „Marie Steiner – Lebensspuren einer Individualität", S. 139, Verlag Freies Geistesleben

verbinden Himmels-Tat mit einem Menschenschicksal. Mein geistig Auge forschte. Es fiel auf dich." [67]

Rudolf Steiner gibt in den Dramen sogar den Hinweis, wer dieses Geistwesen war. Es war jenes Weisheitswesen, das schon in den alten Mysterienschulen als „Sophia" verehrt wurde und auch mit der Mutter Jesu, die unter dem Kreuz stand, innig verwoben war. Die Verbindung zwischen Sophia und Marie Steiner stellte Rudolf Steiner im Drama her, indem er letztere im Vorspiel zur „Pforte der Einweihung" unter dem Namen „Sophia" auftreten ließ. Das Weisheitswesen Sophia hatte sich zur Anthroposophia weiterentwickelt. Marie Steiner war die Trägerin dieses Wesens. Daher brauchte Rudolf Steiner die ständige Anwesenheit seiner Frau.

Im Kapitel „Albertus Magnus – Marie Steiner" wurde aus einem Brief zitiert, den Rudolf Steiner ihr schrieb und in dem er ausführte, *„wie für sie beide in der geistigen Welt bestimmt worden sei, dass er nur mit ihr zusammen seine irdische Aufgabe erfüllen könne."* [68] Außerdem konnte er nach einem okkulten Gesetz mit seinem Wirken im Sinne der Anthroposophie überhaupt erst beginnen, nachdem ihn jemand darum gebeten, ihn danach gefragt hatte. *Johanna Mücke*, langjährige Leiterin des Philosophisch-Anthroposophischen Verlages, berichtet von einem diesbezüglichen Gespräch, bei dem nur sie, Rudolf und Marie Steiner anwesend waren:

„Er erklärte, dass Frau Dr. Steiner damals an ihn selbst die Frage gestellt habe, ob es nicht möglich sei, diese Weisheiten auf eine mehr dem europäischen Geistesleben entsprechende Art zu geben und unter Berücksichtigung des Christus-Impulses. [...] Herr Dr. Steiner [fügte] *die Worte bei, die ich nie vergessen werde: «Damit war mir die Möglichkeit gegeben, dort in dem Sinne zu wirken, der mir vorschwebte. Die Frage war mir*

---

[67] GA 14 „Vier Mysteriendramen"

[68] Anna Samweber, „Erinnerungen an Rudolf Steiner und Marie Steiner-von Sivers", Verlag am Goetheanum, herausgegeben von Jacob Streit, S. 39

gestellt, und ich konnte, nach den geistigen Gesetzen, beginnen, auf eine solche Frage die Antwort zu geben.»" [69]

Marie Steiner verfügte über einen sehr speziellen Ätherleib, der ihr erlaubte, Trägerin des Geistwesens Sophia/Anthroposophia zu sein. Das prädestinierte sie ebenfalls dazu, Leiterin der neuen Kunstform Eurythmie zu werden, durch welche gerade die Bewegungen des Ätherleibes physisch sichtbar gemacht werden können. Die Bildekräfte des Ätherleibes zeigen sich im Körperlichen im Prinzip der Rundung. Das Prinzip der Gerade, des Strahligen geht dagegen von den Erdkräften aus. Letztere mussten bei Marie Steiner zurücktreten. Die Folge davon beschrieb Rudolf Steiner einmal *Roman Boos* gegenüber mit den Worten: *„Sehen Sie, alle ihre Spitzen sind zu klein, zu kleine Hände und Füße zu kleine Nase. In dieser Verinnerlichung liegt Frau Doktors Künstlertum."* [70]

Rudolf Steiner wünschte oft die unmittelbare Nähe Marie Steiners, wenn er arbeitete. Bei ihr lag offenbar eine **dauerhafte Inkorporation** des Geistwesens **Sophia/Anthroposophia** vor. Das wirkte inspirierend auf Rudolf Steiner. Marie Steiner beschwerte sich gelegentlich über ihre Aufgabe als Inspiratorin, da sie ihre eigenen Schreibarbeiten nicht überall hin mitnehmen konnte: So schrieb sie zum Beispiel im Februar 1914 an *Mieta Waller* in Berlin:

„Jetzt muss ich Inspiratrice sein, wie es der Doktor nennt, das heißt stumme Figur neben ihm, wenn er schafft." Oder ich *„inspiriere, bis ich steif werde."* [71] Wir sehen daran, wie sehr Rudolf Steiner die enge Zusammenarbeit mit Marie Steiner als Trägerin einer dauerhaft inkorporierten höheren Wesenheit brauchte, um sein Werk vollbringen zu können.

Wenn aber schon seine Ehefrau eine Doppelwesenheit war, lag dann bei ihm selbst vielleicht ebenfalls eine **dauerhafte Inkorporation** einer höheren Wesenheit vor? War Rudolf Steiner ebenfalls eine **Doppel-**

---

69 Wilfried Hammacher, „Marie Steiner – Lebensspuren einer Individualität", S. 135, Verlag Freies Geistesleben

70 Ibidem, S. 141

71 Ibidem

wesenheit? Das wäre immerhin eine Erklärung für seine ganz außerordentlichen Fähigkeiten. Tatsächlich gibt es eine Reihe von Gegebenheiten, die in diese Richtung weisen. Ganz besondere Bedeutung kommt dabei einer von Rudolf Steiner selbst gemachten Aussage zu, die Teil einer längeren Meditationsanweisung an Ita Wegman war und uns glücklicherweise in ihrem Nachlass erhalten geblieben ist. *Margarete Kirchner-Bockholt*, eine der engsten Mitarbeiterinnen Ita Wegmans berichtet darüber:

"Zu dem zweiten Teil des [Meditations-]*Spruches hatte Rudolf Steiner gesagt, man solle sich auf den Altar zuschreitend denken, selbst in weißem Gewande, vor dem Altar links Christian Rosenkreuz mit der blauen Stola stehend, rechts Rudolf Steiner mit der roten Stola. Diesen Altar muss man sich in der geistigen Welt denken. Ein anderes Mal sagte Rudolf Steiner, in der geistigen Welt stehen beide nebeneinander, mit diesen Stolen bekleidet."*[72]

Rudolf Steiner gab Ita Wegman hier ein Meditationsbild, in dem er sich selbst als gleichberechtigt neben Christian Rosenkreuz stehend beschreibt. Man könnte das als eine unglaubliche Anmaßung ansehen. Schließlich war Christian Rosenkreutz in seinem früheren Erdenleben als Lazarus jener Lieblingsjünger Christi, der Zeuge seines Todes am Kreuze war. Und er war die Trägerperson einer höheren Wesenheit, der Individualität *Johannes des Täufers*, der sich seit seiner Ermordung in der geistigen Welt aufhielt. Wir wissen von diesem Zusammenhang aus Rudolf Steiners „letzter Ansprache".[73] Der **Lieblingsjünger Jesu** war eine **Doppelwesenheit**, bestehend aus dem Träger *Lazarus* (seit dem Mittelalter *Christian Rosenkreutz* genannt) und der Individualität *Johannes des Täufers*, welcher den ersteren mit der Bewusstseinsseele

---

[72] Margarete und Erich Kirchner-Bockholt „Die Menschheitsaufgabe Rudolf Steiners und Ita Wegman", Philosophisch-Anthroposophischer Verlag am Goetheanum, Privatdruck für Mitglieder der Allgemeinen Anthroposophischen Gesellschaft, Dornach 1981, S. 98 ff.

[73] GA 238 „Esoterische Betrachtungen karmischer Zusammenhänge – Band IV", Ansprache vom 28. September 1924

und den drei geistigen Wesensgliedern Manas, Budhi und Atma zu einer gesamtmenschlichen Wesenheit ergänzte.

Wenn sich Rudolf Steiner in der Meditationsanweisung für Ita Wegman gleichberechtigt neben Christian Rosenkreutz stellte, wir aber wissen, dass Rudolf Steiner jegliche Form von Anmaßung völlig fremd war, müssen wir da nicht annehmen, dass er ebenfalls eine Doppelwesenheit war, das heißt Träger einer anderen, höher entwickelten Wesenheit? Um was für eine Wesenheit könnte es sich dabei gehandelt haben?

Der Lösung näher bringt uns hier erneut ein Blick in die Mysteriendramen. Rudolf Steiner erwähnte gelegentlich, dass alle Personen in den Dramen auf realen Persönlichkeiten basieren. Weiter oben wurde bereits auf den Zusammenhang zwischen Marie Steiner und ihren zwei Rollen als *Sophia* und *Maria* im ersten Mysteriendrama aufmerksam gemacht. Den engen Bezug beider Figuren zur realen Marie Steiner hat Rudolf Steiner selbst im Drama noch weiter verdeutlicht durch die Darstellung der vorherigen Inkarnation der Maria im Mittelalter als Mönch in einem Kloster. [74] Wir sehen hier einen unmissverständlichen Bezug zu **Albertus Magnus**, der früheren Inkarnation Marie Steiners.

Einer der bedeutendsten Schüler des Albertus Magnus im realen Leben war **Thomas von Aquin**. Zwischen ihm und der Figur des *Johannes* im Drama, dem Schüler des Abtes, stellte Rudolf Steiner einen ähnlichen Zusammenhang her, indem er ihm den vollen Namen **Johannes Thomasius** verlieh. Zudem ist er im Drama der Mann an Marias Seite, geradeso wie Rudolf Steiner im echten Leben.

Mancher Leser mag an dieser Stelle einwenden, Rudolf Steiner sei im Drama doch sicherlich durch *Benedictus*, den Eingeweihten und Lehrer seiner Geistesschüler repräsentiert. Und tatsächlich, als Rudolf Steiner einmal gefragt wurde, in welchem Alter man sich denn Benedictus vorzustellen habe, gab er sogleich sein eigenes Alter an. Deshalb finden

---

74 GA 14, zweites Mysteriendrama „Die Prüfung der Seele", 7. Bild

wir Rudolf Steiner im Drama letztlich durch zwei Personen dargestellt: durch *Johannes Thomasius* und durch *Benedictus*! Das ist ein weiterer Hinweis auf ihn selbst als einer **Doppelwesenheit**.

Wenn Rudolf Steiner tatsächlich Träger einer höheren Wesenheit gewesen ist, ähnlich wie *Christian Rosenkreuz*, der einst als *Lazarus* Träger der Individualität *Johannes des Täufers* war, dann hätte Rudolf Steiner durchaus mit Recht an Ita Wegman die obige Meditations-anweisung geben können, in welcher er sich selbst als gleichberechtigt neben *Christian Rosenkreutz* vor einem Altar in der geistigen Welt stehend beschrieben hat.

Damit stellt sich sogleich die Frage: „Für welche höhere Wesenheit war Rudolf Steiner der Träger? Auch hierüber gibt er uns in seinen Mysteriendramen Auskunft. Denn nicht umsonst nennt Rudolf Steiner einen seiner beiden Repräsentanten „**Johannes**". Mit diesem Namen hat es eine sehr besondere Bewandtnis. Rudolf Steiner erklärte dazu im Zusammenhang mit dem Lieblingsjünger Jesu, dem späteren Evangelis-ten:

*„Johannes musste sich bis zu Budhi hinaufentwickeln, um erfassen zu können, was in dem Christus Jesus sich offenbarte. Die anderen drei Evangelisten waren nicht so hoch entwickelt. Johannes gibt das Höchste, er war ein Erweckter. **Johannes** heißen alle, die erweckt sind. **Das ist ein Gattungsname.**"* [75]

Stellte Rudolf Steiner in den Dramen einen direkten Bezug zwischen der Dramenfigur des *Johannes Thomasius*, also einem Repräsentanten seiner selbst, und der Individualität *Johannes des Evangelisten* her? Oder mit der Individualität *Johannes des Täufers*? Tatsächlich hat er das mindestens in zweifacher Weise getan. Zum einen beginnt das erste Mysteriendrama mit den beiden Gestalten *Maria* und *Johannes*. Es sind genau jene Namen, welche die beiden wichtigsten Personen trugen, die beim Tode Christi gemeinsam unter dem Kreuz standen. **Maria** als

---

[75]   GA 94 „Kosmogonie", München, Vortrag vom 28. Oktober 1906

Trägerin des Geistwesens *Sophia* und **Johannes** als Träger der Individualität *Johannes des Täufers*. Des Weiteren hingen bei der Darstellung des Meditationszimmers des Benedictus im 3. Bild der „Pforte der Einweihung" vier Porträts an der Wand. Sie zeigen die vier letzten Inkarnationen des geistigen Inspirators von Benedictus: *Elias, Johannes der Täufer, Raffael* und *Novalis*! Da die Dramenfigur des *Benedictus* ebenfalls ein Repräsentant Rudolf Steiners ist, stellte dieser auf diese Weise seinen eigenen engen Bezug zur Individualität *Johannes des Täufers* her.

Rudolf Steiner wusste offensichtlich schon im Jahre 1910, als er damit begann, die Mysteriendramen zu schreiben, von dem geheimen Zusammenhang des *Lazarus* mit der Individualität *Johannes des Täufers*, wenngleich er dies erst vierzehn Jahre später in seiner „letzten Ansprache" den Zuhörern wenigstens teilweise enthüllte. Eigentlich wollte er noch mehr Details dazu mitteilen, was ihm jedoch aufgrund der schwindenden Kräfte dann leider nicht mehr möglich war.

Schon gleich im ersten Mysteriendrama „Die Pforte der Einweihung" stellte Rudolf Steiner aber bereits einen ähnlichen Zusammenhang zu sich selbst her. Er gab einer der beiden Gestalten, die ihn selbst repräsentieren, den Namen **„Johannes Thomasius"**, anknüpfend an seine eigene vorherige Inkarnation als Thomas von Aquin! Und er ließ diesen Namen sogar auf **„us"** enden, sodass er dem **„Johannes Lazarus"** noch ähnlicher wurde. Die Parallelität ist unübersehbar.

Wir haben es mit zwei Trägerpersönlichkeiten der Individualität *Johannes des Täufers* zu tun: zum einen **Christian Rosenkreutz**, der ehemalige *Lazarus,* zum Zeitpunkt des Mysteriums von Golgatha, und zum anderen **Rudolf Steiner** im 20. Jahrhundert, der ehemalige *Thomas von Aquin.*

Aus den *„ergänzenden Bemerkungen zum Inhalt der Ansprache vom 28. September 1924"* von Margarete Kirchner-Bockholt wissen wir von einer weiteren Erklärung, die Rudolf Steiner Ita Wegman zu der Doppelwesenheit **Johannes Lazarus** gab:

„Lazarus konnte aus den Erdenkräften heraus sich in dieser Zeit nur voll entwickeln bis zur Gemüts- und Verstandesseele; das Mysterium von Golgatha findet statt im vierten nachatlantischen Zeitraum, und in dieser Zeit wurde entwickelt die Verstandes- oder Gemütsseele. Daher musste ihm von einer anderen kosmischen Wesenheit von der Bewusstseinsseele aufwärts Manas, Buddhi und Atma verliehen werden." [76] Letzeres geschah durch die dauerhafte Inkorporation der Individualität Johannes des Täufers, vielleicht sogar durch einen späteren Austausch des Ichs.

Wenn wir das auf unser Zeitalter der Bewusstseinsseele übertragen, ergibt sich daraus, dass **Rudolf Steiner** sich aus eigenen Kräften nur bis zur Bewusstseinsseele entwickeln konnte und die höheren geistigen Wesensglieder durch **Johannes den Täufer** ergänzt werden mussten. Dieser wirkte im Dienste des Heiligen Geistes oder des Paraklets. So werden auch die Worte verständlich, die Marie Steiner Jahre nach seinem Tode über ihren Ehemann sprach: *„Er war doch der Paraklet."*

Vor 2000 Jahren war **Johannes der Täufer** der Künder des physischen Christus, und im 20. Jahrhundert war er selbst ebenso der Künder des ätherischen Christus. Darauf spielte **Rudolf Steiner** an, als er in einem Vortrag sagte:

*„Der Christus hat sich auf dem physischen Plan inkarniert, als die Menschheit auf ihren physischen Körper beschränkt war. **Wir können heute die Worte des Johannes-Evangeliums wiederholen:** Ändert euren Sinn, damit eure Fähigkeiten sich der geistigen Welt erschließen. – Denn Menschen mit ätherischem Hellsehen werden den Christus im ätherischen Körper vor sich sehen."* [77]

Hier sprach der Täufer selbst. Da in und durch **Rudolf Steiner** in dauerhafter Verbindung **Johannes der Täufer** wirkte, verstehen wir nun auch, weshalb er den für München geplanten Vorgängerbau des

---

76 GA 238 „Esoterische Betrachtungen karmischer Zusammenhänge – Band IV", Ergänzende Bemerkungen zum Inhalt der Ansprache vom 28. September 1924

77 GA 118 „Das Ereignis der Christuserscheinung in der ätherischen Welt", Palermo, Vortrag vom 18. April 1910

ersten Goetheanums **„Johannes-Bau"** nannte und hierzu der **„Johannesbau-Verein"** gegründet wurde.

Weiterhin wird jetzt auch die große Freude verständlich, die Rudolf Steiner empfand, **als Marie von Sivers** im Jahre 1908/1909 vor einer Novalis-Büste stehend fotografiert wurde. Beide Personen gemeinsam, Marie Steiner und Novalis, repräsentierten in hervorragender Weise das Zusammenwirken von **Johannes dem Täufer** mit der geistigen Wesenheit **Anthropo-Sophia** sowie ihrer beiden Trägerwesenheiten **Rudolf Steiner** und **Marie von Sivers**.

Von Rudolf Steiner haben wir als weitergehende Information, dass die Individualität **Johannes des Täufers** dieselbe ist, welche schon in **Adam** vorhanden war, als die Evolution der Menschheit auf der Erde gerade erst begann. Rudolf Steiner berichtete von zwei Adam-Seelen, die aus einer gemeinsame Urseele der Menschheit hervorgingen. Der eine Teil stieg nicht in eine irdische Inkarnation hinab und blieb dadurch vom sogenannten Sündenfall und der Erbsünde verschont. Rudolf Steiner nannte diesen Seelenteil die *„Adamseele vor dem Sündenfall"*. Sie hatte ihre erste richtige Inkarnation vor 2000 Jahren im nathanischen Jesusknaben des Lukas-Evangeliums. Der zweite Teil der menschlichen Urseele ist jene Adam-Seele, die schon im alten Lemurien als irdischer Adam inkarnierte und dafür mit dem „Ich" als viertem Wesensglied begabt wurde. Hierzu erklärte Rudolf Steiner:

„Dasselbe Ich, das im Grunde genommen dem Jesus des Lukas-Evangeliums vorenthalten wird, das wird dem Körper Johannes des Täufers beschert, und dieses beides, was als Seelenwesen lebt im Jesus des Lukas-Evangeliums und was als Ich im Täufer Johannes lebt, das steht von Anfang an in einer innerlichen Beziehung." [78]

Wenn nun in und durch Rudolf Steiner die Individualität **Johannes des Täufers** wirkte, dann heißt das nichts anderes, als dass in ihm **die Individualität Adams** wirkte, denn Johannes der Täufer war schließlich

---

[78] GA 114 „Das Lukas-Evangelium", Basel, Vortrag vom 19. September 1909

nur eine spätere Inkarnation desselben. Und niemand könnte doch besser über die Bedeutung des menschlichen Ichs sowie über die beiden Adam-Seelen und ihr Verhältnis zueinander berichten als Adam selbst.

Hat sich Rudolf Steiner jemals in diesem Sinne einer vertrauten Person gegenüber geäußert? Das hat er tatsächlich getan und zwar gegenüber *Anna Samweber.* Sie berichtet in ihren biographischen Notizen von einem Gespräch mit Rudolf Steiner nach einem seiner Vorträge in Berlin, das sie tief berührt und aufgewühlt hatte:

„Hinterher hatte Rudolf Steiner vielen Mitgliedern bis gegen halb ein Uhr nachts noch Rede und Antwort zu stehen. Als alle fort waren, trat er nach Mitternacht zu mir herein, eben an diesen Tisch. und sagte zu mir: «Sam, Sie wollten mich doch auch etwas fragen.» Ich hatte mich immer bemüht, den Doktor nicht auch noch mit persönlichen Fragen zu belästigen. So sagte ich: «Nein, Herr Doktor.» Er aber antwortete: «Doch, Sam, stellen Sie bitte Ihre Frage!» – «Nun denn, Herr Doktor», antwortete ich zögernd, «während eines Vortrages stieg in mir die Frage auf: Wer sind Sie? Wer waren Sie? Wer werden Sie sein?» Der Doktor ging sofort darauf ein. Er zeichnete vor mir auf den Tisch eine Kurve hin:

Seine Individualität ziehe sich so wie ein roter Faden durch die ganze Erdentwicklung und sei schon vor deren Beginn dagewesen." [79]

Auf wen anderen könnte diese Beschreibung zutreffen als auf **Adam**? Die Individualität „Adam – Elias – Johannes der Täufer – Raffael – Novalis" ist ganz offensichtlich eine so hohe Wesenheit, dass wir sie zu den Meistern zählen dürfen. Bemerkenswert ist in diesem Zusammenhang, dass Rudolf Steiner im obigen Gespräch mit Anna Samweber

---

[79] Anna Samweber, „Erinnerungen an Rudolf Steiner und Marie Steiner-von Sivers", Verlag am Goetheanum, herausgegeben von Jacob Streit, S. 39

ausdrücklich von „**seiner Individualität**" sprach. Dies wirft die Frage auf, ob es sich bei Rudolf Steiner womöglich nicht nur um eine **dauerhafte Inkorporation** der Individualität Johannes des Täufers handelte, sondern sogar um einen **Austausch des Ichs**, sodass wir den „jüngeren Rudolf Steiner" vom „älteren Rudolf Steiner" hinsichtlich der in ihm lebenden Individualität unterscheiden müssen. Bezüglich eines solchen Vorganges erklärte er selbst in einer Beschreibung vom Übergang des Zarathustra-Ichs des salomonischen Jesusknaben in den nathanischen Jesusknaben:

„Eine solche Umlagerung des Ich findet auch in anderen Fällen statt; das ist eine Erscheinung, die jeder Okkultist kennt." [80]

Zu welchem Zeitpunkt in Rudolf Steiners Leben könnte ein solcher Austausch des Ichs stattgefunden haben? Infrage käme vielleicht schon sein „geistiges Gestanden-Haben vor dem Mysterium von Golgatha" an der Wende vom 19. zum 20. Jahrhundert, nachdem er seine größte Prüfung bestanden hatte.

„In der Zeit, in der ich die dem Wort-Inhalt nach Späterem so widersprechenden Aussprüche über das Christentum tat, war es auch, daß dessen wahrer Inhalt in mir begann keimhaft vor meiner Seele als innere Erkenntnis-Erscheinung sich zu entfalten. Um die Wende des Jahrhunderts wurde der Keim immer mehr entfaltet. Vor dieser Jahrhundertwende stand die geschilderte Prüfung der Seele. Auf das geistige Gestanden-Haben vor dem Mysterium von Golgatha in innerster ernstester Erkenntnis-Feier kam es bei meiner Seelen-Entwickelung an." [81]

Rudolf Steiner spricht hier jedoch von einem „Keim", der sich damals immer mehr entfaltete. Vielleicht kam es deshalb zunächst nur zu einer zeitweiligen Inkorporation der Adam-Elias-Täufer-Raffael-Novalis-Individualität in Rudolf Steiner, wie sie auch durch andere Meister während der esoterischen Stunden erfolgte.

---

[80] GA 114 „Das Lukas-Evangelium", Basel, Vortrag vom 19. September 1909

[81] GA 28 „Mein Lebensgang", am Ende von Kapitel XXVI

Als ein späterer Zeitpunkt für den Austausch des Ichs käme das Ende des ersten Jahrsiebts des 20. Jahrhunderts in Frage, nachdem Rudolf Steiner seine Zuhörer mit den Grundlagen der Anthroposophie ausreichend vertraut gemacht und damit die Voraussetzungen für seine nachfolgende spirituelle Christologie geschaffen hatte, insbesondere für seine Evangelien-Zyklen. Diese begann er im Jahre 1908 aus nun noch weitaus verständlicherem Grund gerade mit dem „**Johannes-Evangelium**"[82] und er führte sie im Monat darauf sogleich mit seiner Vortragsreihe über „**Die Apokalypse des Johannes**"[83] fort.

Der „spätere Rudolf Steiner" wäre als Adam-Individualität in die Reihe der Meister einzuordnen. Gibt es einen solchen Meister, dessen Wirken sich wie dasjenige Adams durch die ganze Erdentwicklung hindurchzieht? Auf eine Frage *Friedrich Rittelmeyers* zu den Meistern gab ihm Rudolf Steiner einst die Antwort, *„dass zwei im Osten wirken, zwei im Westen und zwei in der Mitte; **einer aber geht durch.**"* [84] Gemeint war damit sicherlich, dass sich das Wirken dieses Meisters über alle Regionen der Erde erstreckt und somit die gesamte Menschheit umfasst. Er wurde gelegentlich auch als „der siebte Meister" bezeichnet.

Wenn nun aber die Adam-Täufer-Individualität in Rudolf Steiner anwesend war, sei es als dauerhafte Inkorporation oder nach einem Austausch des Ichs sogar als eine Art von Inkarnation, müsste sich das nicht auch in irgendeiner Weise im **Todeshoroskop Rudolf Steiners** zeigen? Eine derartige Veränderung des Seelenlebens müsste doch in einer neuen planetarischen Konstellation zum Ausdruck kommen, die zu den typischen Konstellationen der Individualität *Thomas von Aquin – Rudolf Steiner* als eine Art neuer Einschlag hinzutritt. Tatsächlich findet sich im Todeshoroskop Rudolf Steiners eine Auffälligkeit.

---

[82] GA 103

[83] GA 104

[84] Friedrich Rittelmeyer, „Meine Gespräche mit Rudolf Steiner", Kapitel „Die sieben Meister", Verlag Urachhaus

Bei der Betrachtung des **Horoskops zum Tode Raffaels** hatte sich bereits herausgestellt, dass der Planet **Uranus** den karmischen „roten Faden" dieser Individualität darstellt, jenes Planeten, in dessen Umlaufzeit von 12 x 7 = 84 Jahren der Zusammenhang mit den 12 Tierkreiskräften und den 7 Planeten zum Ausdruck kommt.

In den **Geburts- und Todeshoroskopen von Raffael und von Novalis** fanden wir **Uranus** stets durch seine Verbindung mit einem der beiden Lichter hervorgehoben. Bei der Geburt Raffaels war Uranus in Konjunktion mit dem Mond (S. 70) und bei seinem Tode in Konjunktion mit der Sonne (S. 74). Bei Novalis' Geburt war Uranus sogar in Konjunktion mit Sonne und Mond gemeinsam (S. 74). Beim Tode des Novalis finden wir dann eine Verbindung des Uranus mit der Sonne durch Opposition und beide in Konjunktion mit jeweils einem der beiden Mondknoten, quasi stellvertretend für den Mond (S. 76).

Im **Todeshoroskop Rudolf Steiners** (S. 106) zeigte sich **Uranus** wiederum in Konjunktion mit der Sonne, obwohl er weder im Todeshoroskop Thomas von Aquins noch im Geburtshoroskop Rudolf Steiners durch eine Konjunktions- oder Oppositionsverbindung mit einem der beiden Lichter hervorgehoben war. Hier handelt es sich um einen neuen Einschlag im Seelenwesen Rudolf Steiners, der sich nicht aus der vorherigen Inkarnation ableiten lässt.

Wenn wir all das berücksichtigen, müssen wir dann nicht die „Letzte Ansprache"[85] Rudolf Steiners unter einem ganz neuen Blickwinkel lesen? Bekommen seine Ausführungen über die Inkarnationsreihe des *Adam - Elias – Lazarus-Johannes d. T. – Raffael – Novalis* nun nicht einen zusätzlichen tiefbedeutsamen Sinn?

Rudolf Steiner wusste am 28. September 1924 bereits, dass sein Wirken auf der Erde bald dem Ende entgegengehen und ihm die Kraft für weitere Vorträge künftig nicht mehr zur Verfügung stehen würde. Klingt daher seine letzte Ansprache nicht geradezu wie eine Abschieds-

---

[85] GA 238 „Esoterische Betrachtungen karmischer Zusammenhänge – Band IV"

rede, in der als wichtige Frage an alle Anthroposophen mitschwingt: *„Versteht ihr denn immer noch nicht, wer hier zu euch spricht und all die Jahre schon zu euch gesprochen hat?"*

Sie haben es nicht verstanden.

So mögen unsere Betrachtungen mit jenen Worten ausklingen, die Christus selbst einst zu seinen Jüngern sprach, als diese ihn nach Elias befragten, von dem sie gehört hatten, dass er wieder kommen solle. Christus antwortete:

„Elias ist schon gekommen,

doch sie haben ihn nicht erkannt."

Matthäus 17,12

Nachwort

Als Ergänzung möchte der Autor noch von einem persönlichen Erlebnis berichten, das im Zusammenhang mit dem Todeshoroskop Rudolf Steiners steht. Vorauszuschicken ist zunächst, dass der Autor schon in seiner Jugend mit dem Phänomen konfrontiert wurde, dass man nicht nur von außen, sondern auch von innen angesprochen werden kann. Als er jedoch feststellte, dass seine Äußerungen über die „inneren Stimme" bei anderen Menschen nur auf Unverständnis stießen, beschloss er darüber fortan nicht mehr zu reden.

Im Sommer 2008, als er gerade dabei war, die erste Fassung von Teil 1 seiner Abhandlung zu den Lemniskatenbahnen der Planeten abzuschließen, geschah es, dass er plötzlich von innen her gesagt bekam: *„Und nun schau nach, wo der **Uranus** stand, **als Rudolf Steiner** **starb**."* Ein solches konkretes Angesprochenwerden von innen war für ihn längst nichts Ungewöhnliches mehr. Jedoch war er noch in das Schreiben der letzten Zeilen seiner Arbeit vertieft, sodass er sich in diesem Moment von der inneren Stimme einfach nur gestört fühlte. Außerdem gab es in der Abhandlung gar keinen Bezug zum Planeten Uranus, sodass er sich fragte, was das nun gerade soll. Deshalb antwortete er nach innen: „Nicht jetzt! Ich muss zuerst fertig schreiben." Doch kurz darauf kam die gleiche Aufforderung von innen. Ein zweites Mal schob der Autor sie beiseite, da er sich gestört fühlte und doch lieber seinen Text beenden wollte. Kaum war dies vollbracht, kam die Aufforderung zum dritten Mal. Nun erst befolgte er den Aufruf, nahm die Ephemeride zur Hand und schaute nach, wo Uranus am 30. März 1925, dem Todestag Rudolf Steiners stand. Mit großer Überraschung stellte er fest, dass es genau die gleiche Position im Tierkreis war, wo sich Uranus nach einem vollständigen Umlauf durch den Tierkreis im Sommer 2008 nun gerade wieder befand: in 22° Fische.

Der Autor erkannte, dass es Rudolf Steiner war, der sich gemeldet hatte und ihm mitteilen wollte, dass er selbst beim Schreiben der Abhandlung inspirierend mitgewirkt hat. Das war wohl auch der Grund, weshalb diese innere Mitteilung genau zu dem Zeitpunkt erfolgte, an dem man abschließend eine selbstgefertigte Arbeit unterschreiben würde, etwa in der Art wie der Verfasser eines Briefes diesen am Ende mit seinem Namen unterzeichnet.

Wer keine persönlichen Erfahrungen mit der „inneren Stimme" hat, mag vielleicht einwenden, Rudolf Steiner habe ja nicht gesagt: „Schau nach, wo der Uranus stand als *ich* starb." Hierzu muss man aber wissen, dass nur Verstorbene, deren Stimme man im Erdenleben gehört hat, sich gelegentlich mit eben dieser Stimme innerlich melden, sodass man sie sofort an ihrer Stimme erkennt. Bei Menschen, deren Stimme man noch nie selbst gehört hat, nimmt man die Worte ohne persönlichen Klang war. Wenn sich ein Sprecher, dessen Stimme nicht bekannt ist, zu erkennen geben möchte, muss er seinen Namen dazu nennen. Das kann zwar von den Widersachern missbraucht werden, indem sie sich mit einem falschen Namen zu Wort melden. Aber im vorliegenden Fall spielte das keine Rolle, denn hier ging es nur darum, die Position des Uranus am Todestag Rudolf Steiners in der Ephemeride nachzusehen.

Das hier Geschilderte ist ein typisches Beispiel für die Art und Weise wie die Meister mit ihren Geistesschülern kommunizieren. Ihre inneren Mitteilungen beziehen sich häufig auf äußere Gegebenheiten. Das ist vor allem in der Anfangszeit des bewussten Kontaktes mit den Meistern von ganz besonderer Bedeutung, weil der Geistesschüler zunächst nur daran überhaupt erkennen kann, ob das innerlich Gehörte seiner eigenen Phantasie entsprungen oder ein reales Geschehen ist. Die Meister geben auf diese Weise wichtige Informationen an ihre Schüler weiter und erteilen ihnen gelegentlich sogar konkrete Aufträge, zum Beispiel ein Buch über ein bestimmtes Thema zu schreiben.

Der Geistesschüler wird auch schon sehr früh mit Einflüsterungen vonseiten der Widersacher konfrontiert, damit er daran üben kann, sein

Unterscheidungsvermögen zu entwickeln. All das sind „Prüfungen der Seele" auf dem geistigen Weg, die letztlich ihrer Kräftigung und Reifung dienen. Rudolf Steiner hat Beispiele hierzu in seinem zweiten Mysteriendrama „Die Prüfung der Seele" anschaulich dargestellt.

Im Jahr 2008, als der Autor das oben Geschilderte erlebte, hatte er sich noch nicht näher mit dem Thema „Todeshoroskop" beschäftigt. Vielleicht aber war der damalige Hinweis auf den Zusammenhang zwischen **Uranus** und dem **Todesdatum Rudolf Steiners** schon eine gewisse Vorbereitung für das Jahre später erst geschriebene, hier nun vorliegende Buch, denn die Meister wirken stets weit vorausschauend.

ROLAND SCHRAPP

Der anthroposophische
Seelenkalender und
der Inkarnationskreislauf
des Menschen

Das dem Seelenkalender zugrunde liegende geistige Urbild

Roland Schrapp

Herausgeber:
BoD – Books on Demand

Großformat (DIN A4)
272 Seiten, 27 Abbildungen

Paperback (Klebebindung):
ISBN: 978-3750498976

Hardcover (Fadenbindung):
ISBN: 978-3751972970

Das Buch wirft einen gänzlich neuen Blick auf den anthroposophischen Seelenkalender. Es widmet sich dem tieferen Sinn der zweiundfünfzig Wochensprüche, welcher in den vergangenen hundert Jahren seit der Erstausgabe durch Rudolf Steiner im Wesentlichen unerschlossen geblieben ist. Ein dichter Schleier der Isis liegt darüber, von dem es bekanntlich heißt, dass kein Sterblicher ihn zu lüften vermag. Allein der unsterbliche, seelisch-geistige Mensch, der sich in den jenseitigen, höheren Welten beheimatet weiß, ist dazu in der Lage. Nur ihm enthüllen sich die Wochensprüche als ein Reiseführer durch eben jene Welten und erheben ihn in immer höhere geistig-kosmische Reiche bis zum Gotteserleben, von wo er geistbereichert und seelenbefruchtet schrittweise wieder hinabsteigt in ein neues Erdenleben. Lässt sich der Leser auf diese Reise ein, enthüllt sich ihm letztlich das geistige Urbild des Seelenkalenders und er gelangt zu einem erweiterten Menschen- und Christus-Verständnis. Durch viele Zitate aus Vorträgen und Büchern Rudolf Steiners lässt der Autor diesen gewissermaßen selbst die atemberaubenden Geistestiefen seiner geheimnisvollen Wochensprüche enthüllen.

Roland Schrapp

Herausgeber:
BoD – Books on Demand

178 Seiten, 18 Abbildungen

Paperback:
ISBN: 978-3755792888

Zwischen dem Tod und einer neuen Geburt auf der Erde durchlebt der Mensch ein langes kosmisches Dasein in den höheren Welten. Rudolf Steiner beschrieb einen Zusammenhang der ersten neun Jahrsiebte des menschlichen Erdenlebens mit unserem vorgeburtlichen Dasein in den sieben Planetensphären. Außer dieser Siebengliederung aus planetarischer Sicht gibt es jedoch auch eine Zwölfgliederung aus stellarer Sicht, welche weitere Jahrsiebte und höhere Sphären mit einbezieht. Alle diese Sphärenerlebnisse spiegeln sich im menschlichen Erdenleben wider. Rudolf Steiner hatte wohl für spätere Jahre einen Vortrag darüber geplant, denn er hat andeutungsweise davon gesprochen. Im Einklang damit und basierend auf eigenen Erlebnissen auf dem Weg der Geistesschülerschaft, schildert der Autor des vorliegenden Buches, in welcher Weise sich die vorgeburtlichen Erlebnisse im irdischen Lebenslauf äußern können. Darüber hinaus erläutert er den Zusammenhang der späteren Jahrsiebte des Erdenlebens mit dem Lebensgeist (Budhi), sowie der Vorbereitung zu seiner Aufnahme seit den Ursemiten der alten Atlantis, womit eine Entwicklung begann, die Rudolf Steiner als das schrittweise "Jüngerwerden" der Menschheit bezeichnete. – Für jeden, der den Weg der Geistesschülerschaft beschreitet oder anstrebt, wie auch für jeden, der sich für Biographiearbeit interessiert, ein sehr empfehlenswertes Buch.

Roland Schrapp

Herausgeber:
BoD – Books on Demand

81 Seiten, 6 Abbildungen

Paperback:
ISBN: 9783754396261

Der Autor beschreibt zunächst den Ursprung der Tierkreisbilder gemäß den Aussagen Rudolf Steiners. Anschließend wird erörtert, weshalb diese Bilder weder mit den Tierkreiszeichen der traditionellen Astrologie noch mit den physisch sichtbaren Sternkonstellationen übereinstimmen und welche Rolle die Astronomie der alten Griechen hierbei spielt. Auch wird begründet, weshalb beim Erstellen eines Horoskopes die Planetenpositionen nicht einfach unverändert aus den Ephemeriden übernommen werden dürfen. Sie benötigen eine Korrektur infolge der Präzession des Frühlingspunktes. Das macht das Buch zu einem „Muss" für jeden astrologisch Interessierten. Ein weiteres Thema ist die unterschiedlich lange Dauer der Zeitalter und welche Fragen sich daraus für die moderne Astronomie ergeben. Schließlich wird am Beispiel der europäischen Kulturentwicklung der letzten tausend Jahre dargelegt, dass sich jedes Zeitalter in zwölf kleinere Kulturabschnitte gliedert, die in ihren Eigenschaften genau der Reihe der Tierkreiskräfte entsprechen. So wird erst verständlich, weshalb die kulturelle Entwicklung der Menschheit gerade so verlaufen ist, wie es nun einmal geschehen ist.

Roland Schrapp

Herausgeber:
BoD – Books on Demand

100 Seiten, 9 Abbildungen

Paperback:
ISBN: 9783759714374

Im Rahmen seiner Karma-Vorträge des Jahres 1924 hat Rudolf Steiner einige frühere Inkarnationen historischer Persönlichkeiten beschrieben sowie wichtige Erlebnisse derselben in höheren Welten vor ihrer nächsten Geburt. Der Autor untersucht, inwiefern diese Erlebnisse im nachfolgenden Geburtshoroskop zum Ausdruck kommen und ob auffallende Ähnlichkeiten zwischen den Geburts- und Todeshoroskopen aufeinander-folgender Inkarnationen bestehen.

Im Anschluss daran folgen Untersuchungen derselben Art zu jenen Mitgliedern des ersten Vorstandes der Allgemeinen Anthroposophischen Gesellschaft, deren vorherige Inkarnationen als gesichert gelten können.

Das Buch gipfelt schließlich in einer Betrachtung der außergewöhnlichen Individualität Rudolf Steiners und seiner Beziehung zu den Meistern des esoterischen Christentums. 100 Jahre nach dem Tode Rudolf Steiners dürfen solche Erkenntnisse nun veröffentlicht werden.

ROLAND SCHRAPP

Das Lemniskatenbahnensystem

TEILE 1 bis 3

Eine Weiterentwicklung des kopernikanischen Weltbildes
auf Grundlage von Aussagen und Skizzen Rudolf Steiners
zur Planetenbewegung

Roland Schrapp

Herausgeber:
BoD – Books on Demand

Paperback: 198 Seiten
Großformat (DIN A4)
253 meist farbige Abbildungen

ISBN: 978-3751921640

Eine Weiterentwicklung des kopernikanischen Weltbildes auf Grundlage von Aussagen und Skizzen Rudolf Steiners zur Planetenbewegung.

Rudolf Steiners über mehrere Vortragszyklen verteilte Aussagen und Skizzen zum Thema der Lemniskatenbahnen der Planeten wurden erstmals nach fast hundert Jahren in einen größeren Zusammenhang gebracht und auf sich daraus ergebende Konsequenzen untersucht. Steiners Anregungen zu einer Neubetrachtung der Planetenbewegung wurden aufgegriffen und versucht, sie im vorgegebenen Sinne weiter zu entwickeln. Daraus ist die Arbeit „Das Lemniskatenbahnensystem" entstanden. Die Abhandlung umfasst 192 Seiten mit 253 meist farbigen Abbildungen. Die Teile 1 und 2 wurden vorab in der Zeitschrift JUPITER veröffentlicht, herausgegeben von der Mathematisch-Astronomischen Sektion am Goetheanum in Dornach: JUPITER September 2010 (Vol. 5 Nr. 1) und JUPITER September 2011 (Vol. 6 Nr. 1).